0～6歳児

「健康な心と体を育てる」保育

佐々木 晃

編著

東洋館出版社

まえがき

　日々の保育の中で困ったり悩んだりすることはありますか？ それは、子ども一人ひとりの成長を願い、明日の保育をよりよくしたいという保育者の思いであり、子どもたちにとってうれしいことだと考えます。一方、保育には唯一の方法や正解はありません。保育が一人ひとりの子どもから始まり、子どもたちと保育者の相互作用の中で営まれるからです。「じゃあ、どうしたらいいの？」という声が聞こえてきそうです。本シリーズでは、困ったな、どうしたらいいのだろう、というよくあるギモンや子どもと楽しめる具体的な活動を領域ごとにまとめ、若手の保育者の方にも分かりやすく記載されています。

　また、日々の具体的な保育は理論のもとに行われています。幼稚園、保育所、認定こども園といった幼児教育施設では、環境を通して行う教育を基本とし、幼児の自発的な活動としてのあそびを中心とした生活を通して、子どもたちに生きる力の基礎を培っています。幼児期に必要な体験としての保育内容は5領域で示され、あそびを通しての総合的な指導を通じて子ども一人ひとりの中に一体的に育まれていくよう実践されています。本書は単なるノウハウ本ではなく理論と実践の架け橋になることを目指し、内容が構成されています。

　若手の保育者の方は「明日への一歩」を考えるために、経験を重ねた保育者の方は、本書の内容をきっかけに「こんなこともできそう」「○○先生にはこのことが役立つかもしれない」など、これまでの経験を想起されたり、改めて理論と実践を結び付けて確認し発信されたりすることにお役立ていただければ幸いです。

　この本を手に取ってくださった皆様が、子どもたちと一緒にあそびや生活を楽しみ、時には悩み、仲間と一緒に乗り越えながら、子どもも大人もともに育つ保育の醍醐味を味わってくださることを願っています。

2023年2月吉日

編著者一同

知っておきたい「健康な心と体を育てる」保育に関する基礎・基本

　本編に入る前に「健康な心と体を育てる」保育を実現するために知っておきたい基礎的、基本的な理論を確認しておきましょう。

1 幼児教育の基本

① 環境を通して行う

　乳幼児期の教育・保育は生涯にわたる人格形成の基礎を培う重要なものです。幼児教育施設における教育・保育は、それぞれの施設が基づく法律等に示された目的や目標を達成するため、乳幼児期の特性を踏まえ、**環境を通して行う**ものとされています。

　乳幼児期の子どもは、知りたがりやでやってみたがりや。関心をもった物事には自分から近付き、触れ、扱ってみるなど、**能動性を大いに発揮しながら自分の世界を広げて**いきます。そのため、周囲の環境に興味や関心をもって自分から関わり、具体的・直接的な体験を重ねていくことは、乳幼児期にふさわしい教育・保育の在り方と言えます。幼児教育での環境は、**子どもを取り巻くすべて**を指します。物的環境、人的環境、自然事象を含む自然環境、時間や空間、その場や状況の雰囲気なども含まれます。一人ひとりの子どもが自分の興味や関心そのときに持っている力を存分に使いながら**環境に関わり、それに応じて環境からの応答を受け取る**という相互作用を繰り返しながら、**一人ひとりのもつ可能性が開かれ、生きる力の基礎が育まれて**いきます。

② 保育内容としてのねらい及び内容

　幼児教育における保育内容は、幼稚園教育要領、保育所保育指針、幼保連携型認定こども園教育・保育要領（以下、3要領・指針）の第2章において、**「ねらい及び内容」**が幼児の発達の側面からまとめた**「5領域」**で示されています。

　○心身の健康に関する領域「健康」：健康な心と体を育て、自ら健康で安全な生活をつくり出す力を養う
　○人との関わりに関する領域「人間関係」：他の人々と親しみ、支え合って生活するために、自立心を育て、人と関わる力を養う。

○身近な環境との関わりに関する領域「環境」：周囲の様々な環境に好奇心や探究心をもって関わり、それらを生活に取り入れていこうとする力を養う。

○言葉の獲得に関する領域「言葉」：経験したことや考えたことなどを自分なりの言葉で表現し、相手の話す言葉を聞こうとする意欲や態度を育て、言葉に対する感覚や言葉で表現する力を養う。

○感性と表現に関する領域「表現」：感じたことや考えたことを自分なりに表現することを通して、豊かな感性や表現する力を養い、創造性を豊かにする。

5領域に示されている「ねらい及び内容」は、生活や遊びを通しての指導を中心として総合的に達成されるものです。

なお、乳児保育においては3つの視点（健やかにのびのびと育つ、身近な人と気持ちが通じ合う、身近なものと関わり感性が育つ）から示されています。

2 幼児教育において育みたい資質・能力

現行幼稚園教育要領及び学習指導要領の改訂に当たり新しい時代に必要な資質・能力が検討され、明示されました。その全般的な捉え方は中央教育審議会答申（平成28年12月21日）「幼稚園、小学校、中学校、高等学校及び特別支援学校の学習指導要領等の改善及び必要な方策等について」）において、3つに整理されています。

①何を理解しているか、何ができるか（生きて働く「知識・技能の習得」）

②理解していること・できることをどう使うか

　　（未知の状況にも対応できる「思考力・判断力・表現力等の育成」）

③どのように社会・世界と関わり、よりよい人生を送るか

　　（学びを人生や社会に生かそうとする「学びに向かう力・人間性等」の涵養）

幼児教育においても、上記の「資質・能力」を幼児期の発達の特性を踏まえて「幼児教育において育みたい資質・能力」として示されています。

①知識及び技能の基礎：豊かな体験を通じて、感じたり、気付いたり、分かったり、できるようになったりする

②思考力、判断力、表現力等の基礎：気付いたことや、できるようになったことなどを使い、考えたり、試したり、工夫したり、表現したりする

③学びに向かう力、人間性等：心情、意欲、態度が育つ中で、よりよい生活を営もうとする

これらの資質・能力は、それぞれを個別に取り出して指導するのではなく、環境を通して行う教育・保育の中で、遊びを中心とした生活を通して一体的に育まれるように努めることが大切です。

3 幼児期の終わりまでに育ってほしい姿

　「幼児期の終わりまでに育ってほしい姿」は、5領域で示すねらい及び内容に基づく活動全体を通して**育みたい資質・能力が形成されている子どもの5歳児後半（就学前）の具体的な姿**です。10の項目で表されており、**保育者が指導を行う際に考慮するもの**とされています。例えば、次に引用する10の姿（項目や文章）を心に留めて子どもの様子を見ると、様々な具体的な活動の中に「この姿はこの項目につながっているな」と気付くことがあると思います。10の姿を視点として子どもの姿を捉えることで、**遊びの中での子どもの体験や学びを多面的に読み取る**ことができ、**明日の保育の方向性を得る**ことができるでしょう。さらに、園内外の研修で同僚や他園の保育者と**10の姿を共通の視点として語り合う**ことにより、幼児理解を深めたり、保育の在り方を多角的に検討したりするなど、**日々のよりよい保育**につながっていきます。

　また、**10の姿を手掛かりにして保育者と小学校教師が子どもの発達や学びの実際を共有する**ことで、幼児教育から小学校教育が滑らかに接続することが求められています。（P.124参照）

(1) 健康な心と体

　幼稚園（保育所、幼保連携型認定こども園）の生活の中で、充実感をもって自分のやりたいことに向かって心と体を十分に働かせ、見通しをもって行動し、自ら健康で安全な生活をつくり出すようになる。

(2) 自立心

　身近な環境に主体的に関わり様々な活動を楽しむ中で、しなければならないことを自覚し、自分の力で行うために考えたり、工夫したりしながら、諦めずにやり遂げることで達成感を味わい、自信をもって行動するようになる。

(3) 協同性

　友達と関わる中で、互いの思いや考えなどを共有し、共通の目的の実現に向けて、考えたり、工夫したり、協力したりし、充実感をもってやり遂げるようになる。

(4) 道徳性・規範意識の芽生え

　友達と様々な体験を重ねる中で、してよいことや悪いことが分かり、自分の行動を振り返ったり、友達の気持ちに共感したりし、相手の立場に立って行動するようになる。また、きまりを守

る必要性が分かり、自分の気持ちを調整し、友達と折り合いを付けながら、きまりをつくったり、守ったりするようになる。

(5) 社会生活との関わり

　家族を大切にしようとする気持ちをもつとともに、地域の身近な人と触れ合う中で、人との様々な関わり方に気付き、相手の気持ちを考えて関わり、自分が役に立つ喜びを感じ、地域に親しみをもつようになる。また、幼稚園内外の様々な環境に関わる中で、遊びや生活に必要な情報を取り入れ、情報に基づき判断したり、情報を伝え合ったり、活用したりするなど、情報を役立てながら活動するようになるとともに、公共の施設を大切に利用するなどして、社会とのつながりなどを意識するようになる。

(6) 思考力の芽生え

　身近な事象に積極的に関わる中で、物の性質や仕組みなどを感じ取ったり、気付いたりし、考えたり、予想したり、工夫したりするなど、多様な関わりを楽しむようになる。また、友達の様々な考えに触れる中で、自分と異なる考えがあることに気付き、自ら判断したり、考え直したりするなど、新しい考えを生み出す喜びを味わいながら、自分の考えをよりよいものにするようになる。

(7) 自然との関わり・生命尊重

　自然に触れて感動する体験を通して、自然の変化などを感じ取り、好奇心や探究心をもって考え言葉などで表現しながら、身近な事象への関心が高まるとともに、自然への愛情や畏敬の念をもつようになる。また、身近な動植物に心を動かされる中で、生命の不思議さや尊さに気付き、身近な動植物への接し方を考え、命あるものとしていたわり、大切にする気持ちをもって関わるようになる。

(8) 数量や図形、標識や文字などへの関心・感覚

　遊びや生活の中で、数量や図形、標識や文字などに親しむ体験を重ねたり、標識や文字の役割に気付いたりし、自らの必要感に基づきこれらを活用し、興味や関心、感覚をもつようになる。

(9) 言葉による伝え合い

　先生や友達と心を通わせる中で、絵本や物語などに親しみながら、豊かな言葉や表現を身に付け、経験したことや考えたことなどを言葉で伝えたり、相手の話を注意して聞いたりし、言葉に

よる伝え合いを楽しむようになる。

（10） 豊かな感性と表現

　心を動かす出来事などに触れ感性を働かせる中で、様々な素材の特徴や表現の仕方などに気付き、感じたことや考えたことを自分で表現したり、友達同士で表現する過程を楽しんだりし、表現する喜びを味わい、意欲をもつようになる。

　これらの姿は、5歳児後半に突然現れるものでも到達目標でもありません。乳児期から少しずつ育っていくものです。**子どもが発達していく方向を意識して**、子どもが**その時期にふさわしい生活**を送れるよう保育を積み重ねていくことに留意した結果として見られる姿であることを、再確認しましょう。

　最後に、園生活の展開において**「ねらい及び内容」「資質・能力」「幼児期の終わりまでに育ってほしい姿」が、一連の関係性である**ことを確認しておきましょう。

　各園では園目標の実現に向けて、入園から修了、卒園までに行う教育・保育の道筋を示す**教育課程や全体的な計画**を編成しています。ここには、**「ねらい及び内容」**が、子どもの発達に応じてバランスよく設定されています。さらに教育課程等に基づき、より具体的なねらいや内容、環境の構成や保育者の援助を示した長期・短期の**指導計画**が作成されています。日々の保育は、週案や日案などの短期の指導計画に示されたねらいや内容に、前日までの子どもの興味・関心や保育者の願いが加味され、環境の構成や援助に織り込まれて展開しています。こうして構成された環境に子どもたちが主体的に関わって生み出す遊びの中で、夢中になって楽しむ、もっと面白くしようと工夫や試行錯誤を繰り返す、友達や先生と一緒に考えたり共感したりするなどのことを通して、**「資質・能力」**が育まれていきます。このような園生活で「育みたい資質・能力」が形成されている子どもの5歳児後半の具体的な姿が、**「幼児期の終わりまでに育ってほしい姿」**です。

　各園において「ねらい及び内容」で子どもの発達に応じた経験を意識し、「幼児期の終わりまでに育ってほしい姿」で乳幼児期全体の育ちの方向性を意識して教育・保育を行うことにより、一人ひとりの「資質・能力」が育まれ、小学校以降の教育にバトンタッチされていきます。

[引用参考文献]
・文部科学省（2018）「幼稚園教育要領解説」
・厚生労働省（2018）「保育所保育指針解説」
・内閣府・文部科学省・厚生労働省（2018）「幼保連携型認定こども園教育・保育要領解説」
・日本国語教育学会［監修］（2021）『0〜6歳児「言葉を育てる」保育』東洋館出版社

「健康な心と体を育てる」保育を考える

1 「健康」とは？

　1947年に採択されたWHO憲章では、前文において「健康」を次のように定義しています。
「健康とは、病気でないとか、弱っていないということではなく、肉体的にも、精神的にも、そして社会的にも、すべてが満たされた状態にあることをいいます。（日本WHO協会訳）」

　健康な心と体を育て、自ら健康で安全な生活をつくり出す力を養うために大切な保育のポイントについて考えていきましょう。心身の発達、基本的生活習慣、安全な生活、運動発達などにおいて、乳幼児期には大人と違った特徴や意義がありますし、それにあった指導方法や遊びもあります。

　乳幼児期は、一生のうちで、身長や体重の変化が最も大きい時期です。例えば、生後から１年で体重は約３倍に、身長は1.5倍になります。１歳を過ぎると成長はゆるやかになってきますが、１歳から６歳までに、体重も増え身長も大きくなっていきます。見た目の体型も、４頭身の赤ちゃん時代から、６歳ではほぼ６頭身、そして成人の８頭身へと成長していきます。

　右図「スキャモンの発達曲線」を見ると顕著に分かりますが、神経系の発達も急速に進んでいきます。６歳時期には神経系、つまり脳の神経回路（シナプス）が約85％もできあがります。園では豊かな教育環境のもと、心や体をたくさん動かせます。そうすることで、神経回路に様々な刺激を与えて、その回路をさらに張りめぐらせ、神経系の配線をより多様に形成していきます。「遊びながら活動しながら学ぶ」ことが乳幼児期の優れた教育方法なのです。

　また、心の健康の基礎は、保護者や先生などの身近な大人が愛情を注ぎながら関わることで、子どもの中に形成される自己肯定感や自尊感情によって培われていきます。さらに、健康や安全が保障され、快適な環境に身を置かれるとともに、自分が一人の

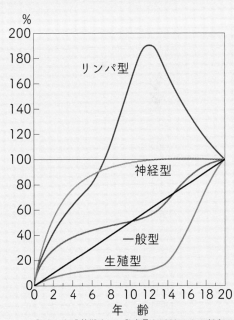

誕生から成熟期までの発育量を100％とした割合
（松尾保編『新版小児保健医学』1996年、日本小児医事出版社、p10を元に作成）

主体として尊重され愛情深く接してもらう中で、身近な大人への信頼が芽生え、人や世界に対する信頼や期待が生まれていきます。私たち保育者は、子どもと生活をともにしながら、保育の環境を整え、一人一人の心身の状態や発達の状況に応じて適切に対応することが求められているわけです。

2 乳児期の発達と保育の中で大切にしたいこと

　赤ちゃん（新生児）は、私たち大人と同じように視覚、嗅覚、聴覚、触覚、味覚の五感を備えています。しかし、大人と同じように世界を見て、知覚しているわけではありません。赤ちゃんも最初のころは、自分自身と外界との区別についての意識が「もやっ」とした混沌状態です。身近な人や環境との関わりを通して身体感覚を得ていきます。赤ちゃんがご機嫌な時、自分の手をかざして、じっと見ている姿を見かけますよね。自分の手を発見しているんです。その手を動かして周囲を探索して、人やものの感覚やその違いを知っていきます。

　保護者や先生に優しく抱き上げてもらって声を掛けてもらったり、清潔で肌触りのよい寝具や衣類に触れた時には心や体の快適さや気持ちよさを感じ、満足感を得ていきます。体の諸機能が育つこの時期には特に、自分の働きかけに対して心地よく応答してくれる人や心地よさを感じられる環境が必要です。

　このような環境の中で周りの人やものに触ってみたい、関わってみたいという気持ちが膨らんでいって、盛んに自分の体を動かそうとしていきます。保護者や先生の存在に気付いて手や足をばたばたさせたり、気になるものをつかもうと一生懸命に体を動かそうとする姿がそれです。信頼できる大人の温かい眼差しに支えられて、体を動かす楽しさを味わいつつ次第に行動範囲を広げていくのです。また、3〜4か月ごろにはあやされると笑うようになったり、保育者の姿が見えなくなると不安になって泣いたり、寂しがったりします。感情が芽生え始めたこの時期の赤ちゃんに必要なのは、自分を愛おしく思って世話をしてくれる大人の存在です。特定の大人への信頼感や安心感が芽生える「愛着」が形成されると、心も育まれていきます。生後4か月ごろには首がすわります。その後には寝返りも打てるようになります。さらに、座る、這う、つかまり立ちをする、伝い歩きをするなど、自分の意思で体を動かし、移動したり、いろいろなものをつかんでは引き寄せてなめたりするなど、手が自由に使えるようになってきます。首のすわりがしっかりしてきて、支えてあげると座れるようになり、食べ物に興味を示すようになり、スプーンなどを口に入れても舌で押し出すことが少なくなると、いよいよ離乳の開始です。徐々に形や固さのある食べ物を食べられるようになり、幼児食へと移行していきます。

3 幼児期前期（1〜3歳）の発達と保育の中で大切にしたいこと

　この時期、歩き始めから、歩く、走る、跳ぶなどへと基本的な運動機能が次第に発達し、排泄の自立のための身体的機能も整うようになります。食事、衣類の着脱なども、保育者に援助してもらいながら自分で行えるようになります。発声も明瞭になり、語彙も増え自分の思いや欲求を言葉で表現できるようになってきます。このように自分でできることが増えてくる時期ですから、保育者は子どもの生活の安定を図りながら、自分でしようとする気持ちを大事にして、温かく見守るとともに、愛情豊かに、応答的に関わることが必要です。

①1〜2歳ごろの特徴

　1歳児は歩行が始まって、ハイハイの赤ちゃんの時期からくらべると視野が広がり、行動範囲も飛躍的に広がります。これにしたがって好奇心も旺盛になっていきます。1歳児は興味があるものには自分から近寄ったり触ってみたりと、好奇心や自我が芽生え始め、自分でやりたいという気持ちが急速に育つ時期です。自分で食事ができるようになり、心も体も大きく発達します。これによって歩く、押す、つまむ、ひっぱる、めくるなどの様々な運動機能も発達して、新しい行動を獲得していきます。このような動きは、この時期特有の探求活動ともいえるでしょう。この時期の子どもは、なんでも手にとってみて、じっと見て観察したり、目に留まるいろいろなものに好奇心を示したりしていきます。また、突然のことや予想外のことに驚くこともしばしばあります。この時期の驚きは、非常にシンプルなもので「素晴らしさや見事さに驚き感心する」という意味での感嘆や感動とまではいきません。でも、やがては驚嘆する心、感動する心（センス・オブ・ワンダー）に育つ大切な芽であることにちがいありません。

②2〜3歳ごろの特徴

　園などにおいては、友達に興味をもち、隣に来ても抵抗なく一緒に過ごせるようになるのが2歳児の特徴です。また、「どうぞ」「ちょうだい」「ありがとう」など、遊びの中で必要な言葉を話せたり、しぐさもできるようになります。体の動かし方も上手になり、言葉もたくさん覚えて、自己表現や行動の幅がぐんと広がってきます。好奇心、つまり、知りたいという気持ちが強く表れることから、「なに？」「なぜ？」「どうして？」の質問が多くなります。探求行動が盛んで、なんでもしてみたい、見てみたいという自発性が生まれます。

　また、自立心も生まれてきて、衣服の着脱や排泄などの手助けを嫌がったり、大人の様子を見て自分もやってみたがったりします。一方で、3歳ごろは第一次反抗期の入り口に当たり、なん

でも「イヤ！」「自分でやる！」と主張したり、うまくいかずにかんしゃくを起こしたりする行動も見られます。やきもちや嫉妬などの複雑な感情を表現することができるようになり、ほとんど大人と同様に基本的な情緒が発達するといわれています。次第に他者を思いやる心も発達してきます。

　ところで、２歳ごろの「イヤ、イヤ」は、伝えたい気持ちをどう表現していいか分からずにストレスを感じていることの表れでもあります。自立心が発達して、なんでも自分でやってみたい、でも、うまくできずにもどかしい。そんな複雑な感情が隠されていることもよくあります。なんでも「ダメ！」と言ってしまっては、子どもが考えたことを否定してやる気をなくさせてしまいます。「あらあら、そんなことしてたら、しらないわよー……」と脅しを使ったりすることは、大切な子どもからの信頼を失ってしまいます。「もう、しょうがないわねえ。〇〇あげるから」と、もので釣れば、「泣けば思い通りになる」と安易に認識してしまうでしょう。

　大切なことは、保護者や先生、大人がこうした行動を、この時期の「自我の育ち」として積極的に受け止めることです。子どもは「やる気」が認められて、自分への自信をもつようになります。また、一方では、自分の行動の全てが受け入れられるわけではないことに徐々に気付いていきます。子どもは、自分のことを信じ、見守ってくれる大人の存在によって、時間をかけて自分の感情を鎮め、気持ちを立て直していきます。これらが、非認知能力と呼ばれる「課題の達成に向かう力」や「情動をコントロールする力」のもととなって、「やり抜く力」を育てていくのです。

　３歳児になると、身長は生まれた時の約２倍の93〜99cm、体重は４〜５倍の13〜15kgとなります。この時期には手先や足の動きなどがどんどん発達していき、次のような特徴が見られるようになります。ボタンのかけ外しができるようになり、着替えなど自分のことは自分でできる。食事をこぼさずに上手に食べられる。ハサミを上手に使える。クレヨンで丸や四角が書ける。折り紙を上手に２つ折りにできる。バランスがとれるようになり平均台上の歩行をしたり、少しの間なら片足立ちやつま先立ちもできる。走ってきて急に止まったり曲がったりできる。このように、いろいろな力が育ってきます。また、心理的な成長の面でも、象徴機能が発達してきて、ものを見立てて遊んだり、ごっこ遊びをしたりすることもできるようになります。

④ 幼児期後期（3〜6歳）の発達と保育の中で大切にしたいこと

　幼児期後期では、病気や感染症、けがや事故の予防など、自分の体を大切にしたり、身の回りを清潔で安全なものにしたりするなどを意識して習慣化することも大事です。交通安全や災害時の身の守り方、避難の仕方などについて学ぶことも忘れてはなりません。生活に必要な習慣や態度を、園の生活の自然な流れの中で身に付け、次第に生活に必要な行動について、見通しをもって自立的に行動していくようにしていくことが大切です。

①3〜4歳ごろの特徴

　基本的な動きが未熟な初期の段階から、日常生活や体を使った遊びの経験を基に、次第に細かい動きも上手にできるようになっていく時期です。特に園生活や家庭での環境に適応しながら、未熟ながらも基本的な動きが一通りできるようになります。次第に自分の体の動きをコントロールしながら、身体感覚を高め、より巧みな動きを獲得することができるようになっていくのもこの時期の発達の特徴です。

　この時期の幼児には、遊びの中で多様な動きが経験でき、自分から進んで何度も繰り返すことに面白さを感じることができるような環境の構成が重要になります。

　例えば、屋外での滑り台、ブランコ、鉄棒などの固定遊具や、室内での巧技台やマットなどの遊具の活用を通して、全身を使って遊ぶことなどにより、立つ、座る、寝ころぶ、起きる、回る、転がる、渡る、ぶら下がるなどの「体のバランスをとる動き」や、歩く、走る、はねる、跳ぶ、登る、下りる、這う、よける、すべるなどの「体を移動する動き」を経験しておきたいものです。

　一般に3、4歳ごろの自我が発達してくる時期のことを、第一次反抗期といいます。3歳時期の子どもはいろいろな言葉を覚え始め、自己主張を始めようとしています。4歳児期になると、嘘や秘密も気になってきます。子どもによってはなんでもかんでも「イヤイヤ」と言って大人を混乱させます。でも、ここが大人の我慢のしどころ、工夫のしどころです。子どもとの対話や会話には相互理解が必要です。相手に分かってもらえないというイライラが子どもを乱暴にさせます。子どもが「イヤイヤ」と拒絶ばかりし続けている時は、自分が理解されていないと思ってしまっていることもあるのです。つまり、子どもにもストレスがかかっているというわけです。

　この「イヤイヤ」は自己主張の練習だと思ってあげましょう。安心して主張できるようになったからこそ、できるのです。大人のしているような喜怒哀楽の感情の表現を、子どももできるようになろうとしている、と考えてみましょう。まずは子どもの言うことを聞いてあげ、気持ちを「○○してちょうだいということね」と翻訳するようにしてみてください。子どもはまだ自分の気持

ちをうまく言葉にできていないのです。その手助けをしてあげましょう。子どもも大人も心の健康が保たれますよ。

②5〜6歳頃の特徴

　それまでに経験した基本的な動きが定着しはじめる時期です。友達と一緒に運動することに楽しさを見いだし、また、環境との関わり方や遊び方を工夫しながら、多くの動きを経験するようになってきます。特に全身のバランスをとる能力が発達し、身近にある用具を使って操作するような動きも上手になっていきます。さらに、遊びを発展させ、自分たちでルールやきまりをつくることに面白さを見いだしたり、大人が行う動きのまねをしたりすることに興味を示すようにもなります。例えば、なわ跳びやボール遊びなど、全身でリズムをとったり、用具を巧みに操作したりコントロールさせたりする遊びの中で、持つ、運ぶ、投げる、捕る、転がす、蹴る、積む、こぐ、掘る、押す、引くなどの「用具などを操作する動き」を経験しておきたいものです。

　6歳ごろになると、無駄な動きや力みなどの過剰な動きがさらに少なくなり、動き方が上手になっていきます。友達と共通のイメージをもって遊んだり、目的に向かって集団で行動したり、友達と力を合わせたり役割を分担したりして遊ぶようになり、満足するまで取り組むようになります。それまでの知識や経験を生かし、工夫をして、遊びを発展させる姿も見られるようになります。この時期は、全身運動が滑らかで巧みになり、全力で走ったり、跳んだりすることに心地よさを感じるようになります。ボールをつきながら走るなど、基本的な動きを組み合わせた動きにも取り組みながら、「体のバランスをとる動き」「体を移動する動き」「用具などを操作する動き」をより滑らかにできるようになることが期待されます。そのため、これまでより複雑な動きの遊びや様々なルールでの遊びなどを経験しておきたいものです。

5 幼児期の運動の意義

　遊びを中心とする身体活動を十分に行うことは、多様な動きを身に付けるだけでなく、心肺機能や骨形成にも寄与するといわれています。つまり、生涯にわたって健康を維持したり、何事にも積極的に取り組む意欲を育んだりするなど、豊かな人生を送るための基盤づくりとなるということです。幼児期の運動は、次のような様々な効果が期待できます。

　①幼児期は、神経機能の発達が著しく、タイミングよく動いたり、力の加減をコントロールしたりするなどの運動を調整する能力が顕著に向上する時期です。②この能力は、新しい動きを身に付ける時に重要な働きをする能力であるとともに、周りの状況の的確な判断や予測に基づいて行動する能力を含んでおり、けがや事故を防止することにもつながります。③このため、幼児期に運動を調整する能力を高めておくことは、児童期以降の運動機能の基礎を形成するという重要な意味をもっています。④日頃から体を動かすことは、結果として活動し続ける力（持久力）を高めることにもつながります。

　さらに、幼児期に適切な運動をすると、丈夫でバランスのとれた体を育みやすくなります。特に運動習慣を身に付けると、体の諸機能における発達が促されることにより、生涯にわたる健康的で活動的な生活習慣の形成にも役立つ可能性が高く、肥満や痩身を防ぐ効果もあり、幼児期だけでなく、成人後も生活習慣病になる危険性は低くなると考えられています。

　また、体調不良を防ぎ、身体的にも精神的にも疲労感を残さない効果があると考えられています。幼児にとって体を動かす遊びなど、思い切り伸び伸びと動くことは、健やかな心の育ちも促す効果があります。遊びから得られる成功体験によって育まれる意欲や有能感は、体を活発に動かす機会を増大させるとともに、何事にも意欲的に取り組む態度を養います。

　幼児期には、徐々に多くの友達と群れて遊ぶことができるようになっていきます。その中でルールを守り、自己を抑制し、コミュニケーションを取り合いながら、協調する社会性を養うことができます。運動を行う時は状況判断から運動の実行まで、脳の多くの領域を使用することが分かっています。すばやい方向転換などの敏捷な身のこなしや状況判断・予測などの思考判断を要する全身運動は、脳の運動制御機能や知的機能の発達促進に有効であると考えられています。幼児が自分たちの遊びに合わせてルールを変化させたり、新しい遊び方を創り出したりするなど、遊びを質的に変化させていこうとすることは、豊かな創造力も育むことにもつながっていきます。

6 幼児期の終わりまでに育ってほしい姿

「幼児期の終わりまでに育ってほしい姿」は幼児の育ちを保育者が見取る上での視点になりますから、様々な資質・能力の育ちの姿を見つけて総合的に理解を深めることが大切です。つまり、他の姿とも重なって見えてくるということです。

例えば、「健康な心と体」は、他者との信頼関係の下で、自分のやりたいことに向かって伸び伸びと取り組む中で育まれていきます。幼児は、園生活において、安定感をもって環境に関わり、自己を十分に発揮して遊びや生活を楽しみながら、体を動かす気持ちよさを感じていきます。そして、その中で生活に必要な習慣や態度も身に付けていきます。5歳児の後半には、こうした積み重ねを通して、仲間と一緒に充実感をもって自分のやりたいことに向かって、繰り返し挑戦したり諸感覚を働かせて体を思い切り使って活動したりします（「協同性」）。心と体を十分に働かせ、遊びや生活に見通しをもって自立的に行動し（「自立心」）、自ら健康で安全な生活をつくり出す姿が見られるようになってくるというわけです。

この頃の幼児は、園生活の中で、一日の生活のリズムや時間の流れを意識したり、状況の変化を予測したりして、見通しをもって行動するようになってきます。自然に触れたり（「自然との関わり・生命尊重」）園内の様々な場所で遊具などを活用しながら、思い切り体を動かしたり様々な動きを楽しんだりするとともに、必要な時に休息をとるようにもなります。また、衣服の着脱、食事、排泄などの生活行動を自分で行うことの必要性や、いつどのように行うかなどが分かってきます。病気にならないように自ら手洗いやうがいを丁寧にしたり、健康のために必要だと感じて、食べ物のことにも関心をもって（「思考力の芽生え」）友達と楽しく食事をしたりするなど、体を大切にする活動を進んで行うようになります。さらに、園や地域で避難訓練を行う中で、災害などの緊急時の適切な行動が分かり、状況に応じて安全な行動をとることもできるようになります（「社会生活との関わり」）。

保育者は、園生活の流れや園内の様々な場所や遊具、保育者や友達など、それぞれが幼児にどのように受け止められ、いかなる意味をもつのかについて捉え、幼児の主体的な活動を促す環境をつくり出すことが必要です。その上で、幼児が自ら体を動かし多様な動きを楽しむことや、よりよい生活のために必要な行動を幼児の必要感に基づいて身に付けていくことなど、発達に即して幼児の必要な体験が得られるよう工夫していくことが求められます。その際、健康で安全な生活のために必要なことを、クラスで話題にして一緒に考えてやってみたり（「言葉による伝え合い」「豊かな感性と表現」）、自分たちでできたことを十分に認めたりするなど、自分たちで生活をつくりだしている実感をもてるようにすることが大切です。

また、交通安全を含む安全に関する指導については、日常的な指導を積み重ねることによって、標識や表示の意味を知り（数量や図形、標識や文字などへの関心・感覚）、交通ルールを守り、自ら行動できるようにしていくことが重要です（「道徳性・規範意識の芽生え」）。

　もちろん、こうした幼児期の経験は、小学校生活においても生かされます。例えば、時間割を含めた生活の流れが分かるようになると、次の活動を考えて準備をしたりするなどの見通しをもって行動したり、安全に気を付けて登下校しようとしたりする姿につながっていきます。また、自ら体を動かして遊ぶ楽しさは、小学校の学習における運動遊びや、休み時間などに他の児童と一緒に楽しく過ごすことにつながります。様々な活動を十分に楽しんだ経験は、小学校生活の様々な場面において伸び伸びと行動する力を育んでいくのです。

CONTENTS

第1章　よくあるギモン㉚

第2章 「健康な心と体を育てる」運動あそび⑳

第3章 接続期で「健康な心と体を育てる」

よくあるギモン

30

なかなか寝てくれない子どもへの対応は?

抱っこをしても寝てくれないことがあります。また、日中にたくさん体を動かしても寝てくれません。どうしたら寝てくれるでしょうか?

【0−1歳ごろ】

保育者

たくさん寝て元気になろうね

子ども

うーん　うーん

なぜだろう?

保育者のギモン

抱っこやトントンなどのスキンシップをして、安心してほしいのに泣いてしまいます。園庭でもたくさんあそんだのに眠くならないようです。たくさん寝たほうが午後もグズグズ言わないと思うのですが、寝かせ方が分かりません。

お答えします!

解決の糸口

周囲の環境に敏感な子がいます。その子が何の刺激に敏感かを知ってあげましょう。音、匂い、感触、視覚などを一つ一つ理解してあげましょう。また、生活リズムや日課を見直し、体ごとリズムをつくると自然と眠れたりします。

保育者

ねんねんころりよ〜

子どもが刺激に敏感な時は、話しかけたり、子守歌を歌ったり、笑顔を向けるなど、保育者のほうに注意が向くようにして刺激から安心の方向へ誘導してあげましょう。ほっとする瞬間の積み重ねが大事です。

慌てず、急かさず、強すぎる刺激に子どもが振り回されないようにしましょう。寝かそう寝かそうと、保育者自身が強い刺激になりすぎないようにしましょう。

NG

時には一対一を生み出す 協力関係も必要

刺激に敏感な子は、自分で自分を抑えることが苦手です。そのため、保育者の丁寧な対応が求められます。丁寧さとは、その子の敏感な部分を理解し、その子に合わせる、かつ保育の方向性を見失わないようにすることです。そのためにはクラスや園で協力して、最初は一対一の関係から始めて刺激を減らすなど、協力体制も必要です。

Point

生活リズムと日課の大切さ

0〜1歳ごろの生活リズムは大人が整えてあげたいところです。子ども任せではなかなか難しいことがあります。食事、排泄、着脱、睡眠の時間をある程度一定にして日課をつくってあげることが大切です。できれば保護者の状況に合わせて、関わり方や時間の構成をアドバイスしていき、みんなで日課をつくることも大切です。

2 離乳食をなかなか
食べてくれない時の対応は?

ミルクが終わり、離乳食が始まりました。それでも、食べてくれるものと、
食べてくれないものがあります。どうしたらいいでしょう?

【0−1歳ごろ】

保育者

ほらおいしいよ、食べようね

なぜだろう？
保育者のギモン

離乳食を食べさせていると、これは
食べない、これは食べる、前まで食
べていたのに食べなくなったなど、
理由が分からないことがたくさんあ
ります。どうしてでしょうか？

お答えします！
解決の糸口

二つ視点があります。一つはその子
への理解。もう一つは保育者の関わ
りや在り方です。匂い、形、味、色、
食感など離乳食の形態ごとにその子
自身の苦手感を整理すること。また、
保育者の表情なども振り返ってみま
しょう。

保育者

これは赤いね、甘い味もするんだよ

たくさんの言葉を使いながら「〇色だね〜」「甘いよー」「小さいよ」など、その子の苦手感を理解した声を掛けてあげましょう。信頼した保育者の言葉掛けの中で、子どもは今自分が食べているものを整理して、自分で食べるものを広げていきます。例えば、ただ子どもの「いらない」を受け入れるだけでなく、保育者の在り方を振り返ることは、普段子どもが主張してきた時の関わり方の全体を見つめ直すいい機会です。「もっと関わって」のサインかもしれません。

味覚は赤ちゃんの時が一番敏感！

「味蕾」という器官が舌にあり、その機能は生まれた時が一番敏感で、数は最も多く約1万個。味蕾の数は年齢とともに減少します。5・6か月になり離乳食が始まると、赤ちゃんは離乳食を通じて、舌ざわりや食感、形、色、匂い、大きさなど五感をフルに使って食べ物を感じていきます。敏感で複雑なことが整理されるには長い時間がかかります。

Point

今の状況を言語化し続ける

食べることって複雑。子どもはいろいろなことが分からないと安定しません。その土台の離乳食の初期から、黙って食べずに、「おなかすいたね〜」「お茶を飲んだら食べやすくなるよ」「今日のは柔らかいよー」など、保育者が話すことはたくさんあります。普段の関わりの延長線上で言葉が効果をもつことも忘れてはいけません。

3 動きすぎて危ない子どもへの関わり方は?

歩き始めたことはうれしいのですが、とにかく危ないように感じます。転びそうだし、危ないところに平気で進んでいきます。もっと周りを見てほしいと思いますが、どう関わればいいか分かりません。

【 1歳ごろ 】

保育者

やめて!! 危ない!

なぜだろう? 保育者のギモン

歩くこと自体がうれしかった時期を少し過ぎて、周りの棚や机、おもちゃがまったく見えていないように突き進む子がいます。頭を軽く打ったのに、また同じような行動をします。なぜそんなに動くのでしょう。

お答えします! 解決の糸口

衝動性が高いのが赤ちゃんです。刺激に素直に反応します。1歳ごろの赤ちゃんに限らず、子どもはそういう傾向があります。その衝動性をまずは理解して、危険なことからは保育者が守るように「よく観る」チームワークが必要です。

保育者

そっちに行きたいんだね
楽しそうだねー

子どもが、まずやろうとしていることを認めて、ともに行ってみましょう。その先に、その子なりの目的が見つかるかもしれません。まずは、行動させてみて、見届けましょう。

まだ意図の少ない赤ちゃんです。なんとなく歩き続けたいこともあります。まずは、危ないからといってサークルに閉じ込めたり、歩かせないことを選択しないようにしましょう。

NG

リスクマネジメントと
ハザードマネジメント

リスクとハザードの違いを保育者が理解しておきましょう。ハザードとは命の危険に関わることです。それは子どもにやめてほしいことを伝えたり、子どもの体を押さえることもあります。リスクは自分自身で管理するものです。その度合いを園全体で理解し合うことで、子どもの行動の許容範囲が分かります。

Point

環境構成に危険と安全があること

リスクマネジメントにおける危険は、子どもが理解していきます。慎重に行かないと落ちる、ゆっくり歩かないと転ぶ場所などは、子どもが日々体を動かす中で獲得します。命を守る範囲で、室内の身体的なあそびの空間や園庭にも、適度な危険と安全を織り交ぜます。赤ちゃんが魅了されるあそびができる環境を大切にしましょう。

Q4 誤飲の時の対応は?

誤飲した時の適切な対応はどのようなものでしょうか。
また、誤飲を防ぐために必要なことはどんなことですか。

【0−2歳ごろ】

保育者

あっ！

なぜだろう？
保育者のギモン

乳児は手にしたものを口に入れることが多く、日頃から誤飲の可能性があるため、適切な対応が知りたいです。いざという時、まず何をすべきですか？

お答えします！
解決の糸口

まず、慌てず意識の有無と口内を確認します。口の中に残っている場合はそのまま飲み込む可能性もあるため、大声をあげずに、子どもを驚かせないよう気を付けましょう。

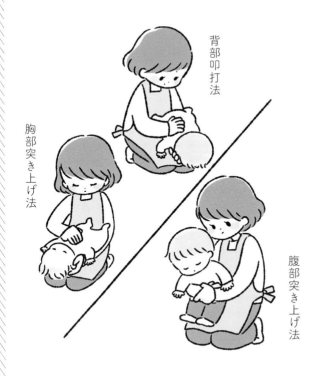

背部叩打法

胸部突き上げ法

腹部突き上げ法

喉に詰まった場合、年齢ごとに対処法が違います。乳児の場合は「背部叩打法」「胸部突き上げ法」、1歳以上の場合は「腹部突き上げ法」が効果的です。意識がなくなった場合、ただちに心肺蘇生を開始しましょう。

ただし、何を飲み込んだかによって「吐かせるか否か」の対処法が変わります。むやみに吐き出させたり、口に手を入れたりせずに、落ち着いて状況を把握し、受診もしくは救急車を呼ぶなどの対応をしましょう。

—— Check

誤飲の危険性があるものを知る

誤飲を防ぐためには、日頃から身の回りにあるものを子どもの視点で考え、危険性を知ることから始めましょう。子どもの手が届く範囲を理解し、整理整頓を心掛けましょう。また、緊急時には一人で判断せず、他の保育者と相談しながら素早い判断ができるようにすることが大切です。

Point

吐き出さない方がよいものは？

ボタン電池・鋭利な異物・磁石・薬などが挙げられます。家庭では、たばこや家庭用化学薬品などもその一つです。このように吐き出すことで気管を傷つけてしまう可能性があるものは、症状がなくても受診してください。また、同じものがあれば受診時に持参することが必要です。

5 嫌がって保育者の気をひこうとする子どもとの関わり方は?

一日の生活の中で、食事や睡眠など、保育者である私が関わるとほとんどの行為を嫌がります。あそぶ時も私を見ると急にイヤイヤを始めます。気をひこうとしているのか、なにかを訴えたいのか分かりません。どうしたらいいでしょう。

【1−2歳ごろ】

子ども

いや！ いや！

保育者

泣かないで……

なぜだろう？ 保育者のギモン

他の保育者の時は機嫌よくあそび、食事もニコニコですが、私がいると全てにおいて泣くことや話を聞かないことが多くて、どのように関われ ばよいか分かりません。

お答えします！ 解決の糸口

必要なことは常に関わりを更新することです。その子の性格やよくとる行動、行為、泣くことの意味を保育者が常に理解しましょう。そして、それを基にその子がやりたいことを提供したり提案したり、ともにやってみることです。

保育者

> おふねがぎっちらこ

ともにあそぶこと、ともに活動することもにしたいことを探してみましょう。まずは、その子が分かるようになること。抱きしめたり、わらべうたをしたり、同じものを触ってみましょう。

ただ抱っこするだけやなにも提案しないのは放任です。抱っこはその子を理解し、そして安心し、その後にその子がしたいあそびや好きな活動や生活を探すため。勘違いのないようにしましょう。

―― NG

嫌がることも表現と捉える

「嫌がる」こともその子の表現です。その子の表現ですから、全てを否定はできません。なんでそうなるのか？ その子の表現は表現として受け入れ、自分はどうあったのかを振り返ることが重要です。その振り返りが、あなたと子どもの関係性をつくっていきます。

Point

依存と甘えは別のもの

その子と保育者の関係が「依存」になっていないかは、他の保育者に聞いてみるとよいでしょう。多様な視点から、その子との関係を観てもらうことで、どうしたらいいか、どんなあそびの環境を構成すべきか、活動を提案できるかのヒントになります。「甘え」の範疇なのか、あなたの行動を「制限する依存」なのかを観てもらいましょう。

6 排泄も知らせず トイレを嫌がる時の対応は?

一日の生活の流れの中でトイレに行く時間がありますが、誘っても来てくれません。おむつに出ると、濡れて不快だと思うのですが、それも知らせてくれません。

【 2歳ごろ 】

保育者

給食だから、
トイレに先に行くよー

w.c.

子ども

いやいや！！

なぜだろう？

保育者のギモン

おむつにおしっこが出ていなくて、長い時間トイレにも行っていないのに、どうしてトイレに行きたがらないのか分かりません。嫌がったと思ったらその場で漏らすこともあり、ほら言ったのにと思ってしまいます。

お答えします！

解決の糸口

その子の排泄間隔を理解しましょう。そのために、一日の流れの中の節目にトイレへ行くという排泄時間をつくりながら、誘ってみましょう。生活の順序が分かると安心感が増し、その時のその子のおしっこの量でトイレの間隔が分かります。

保育者は落ち着いて、言葉を掛けます。その子の排泄間隔を理解して、よいタイミングで子どもたちが自分の尿意を言葉で意識するためにも「トイレ行く？」ではなく「出る？ 出ない？」と聞いてみましょう。

保育者
おしっこ出る？ 出ない？

子ども
おしっこ出る

尿意を知らせてくれないからといって、それを強く否定する必要はありません。着替えの必要が出たら、すぐに気持ちよくしてあげましょう。

Check

尿意を感じるメカニズム

子どもは2歳ごろになると尿意を感じ始める子が大多数になります。膀胱におしっこを100mlためられるようになると、子どもたちは「出る」ということが分かるようになると言われています。その間隔には個人差もありますが、1時間30分から2時間ほどです。まずは、その子の体の内側を理解しましょう。

Point

コミュニケーションツールとしての仕草と言葉

尿意を感じても、どのように伝えればよいか分からない場合があるのも子どもです。言葉が達者な子であれば「出るー！」と言えるでしょうが、おとなしい性格の子などは簡易手話のように腰のあたりを「ポンポン」とするようなコミュニケーションの仕方があると、言葉以外の通じ合いも生まれます。

7 なぜ、噛んだり引っかいたりするの?

周りの子どもをすぐに噛んだり、引っかいたりする子どもがいます。
どのように関わればよいのか、どうすれば噛まなくなるのかが分かりません。

【 2歳ごろ 】

子ども

痛い！

なぜだろう？ 〔保育者のギモン〕

前触れもなく周りの子どもを噛んだり、引っかいたりする子どもがいます。どうしてこのような行為をするのでしょうか？ またこの行為は止めるべきでしょうか？

お答えします！ 〔解決の糸口〕

1歳ごろになると自我が芽生え、意思を言動で表し始めます。しかし感情のコントロールがまだ難しく、また、言葉が未発達であるため、うまく伝えられず手が出るということが考えられます。時には友達への関心を表現している場合もあります。

保育者

おもちゃが使いたかったんだね

子ども

うん

もちろん根気強く「ダメ」と伝えることも必要です。しかし、行動には理由があります。ただ、本人は伝えることが難しいため、思いに寄り添い「〇〇が嫌だったんだよね」と気持ちを代弁しましょう。それが、「自分の思いを分かってくれる存在」として、安心につながります。

「なぜ噛んだの?」と長時間聞いたり、話したりすることはやめましょう。また、本人の存在を否定するような言い方をしてはいけません(例えば、「噛んだ〇〇さんはいけない子」など)。

NG

噛む行為を止めるだけでは意味がない

けがのないよう、噛む行為を止めることは大切ですが、それだけでは意味がありません。子どもがやりたいことに満足するまで付き合ったり、抱きしめたりするなどのスキンシップの時間をつくることで落ち着いていくこともあります。子どもにとって心地よいと感じる居場所をつくりましょう。

Point

保護者への対応

「相手の子どもを傷つけてしまった」とショックを受ける保護者が多いです。そこで大切なことは保護者の思いを受け止めつつも、この姿は子どもが育っている証だと伝えることです。また、言語が発達すると自然と噛んだりすることもなくなり、一過性のものだということを伝え、見通しをもってもらうことが安心感につながります。

8　引きつけやけいれんを起こした時　どうすればいいの?

引きつけやけいれんはどんな時に起こるのでしょうか?
また、どんな対応が必要ですか?

【 3歳ごろ 】

保育者

まず、何をすれば
いいんだろう?

なぜだろう?　保育者のギモン

子どもは熱性けいれんや引きつけなどを起こす場合があると聞きました。実際にその場面を見たことがないので、どう対応するべきか分かりません。けいれんの原因と対処法を教えてください。

お答えします!　解決の糸口

子どものけいれんの主な原因として、熱性けいれんとてんかんが挙げられます。予兆もなく起こるため、慌てず冷静に対応するにはどんなことに注意すべきかをあらかじめ知っておくことが大切です。

保育者

まずは落ち着いて！

保育者

私が時間、確認します！

近くにものがない平らな場所に寝かせ、呼吸の確認と、衣服をゆるめ気道の確保を行います。嘔吐する場合もあるため、顔を横に向けた状態で様子を観察しましょう。また、時間を計り、5分以上続く時は救急車を呼びます。

けいれんに気が付いたら体をゆすったり、慌てて抱きかかえたり、人工呼吸をしたり、口の中にタオルや手を入れたりしてはいけません。逆に危険な場合や、窒息の恐れがあります。

—— NG

乳幼児期のけいれん

Point

乳幼児期は脳や体が未発達のため、けいれんを起こしやすいです。主な原因は2つあります。1つ目はてんかんなど脳に何らかの問題が生じている場合。2つ目は発熱や嘔吐など、体全体の病気が原因で起こる場合です。特に高熱が原因の「熱性けいれん」を起こしやすいため、発熱時は注意が必要です。

けいれん時の観察ポイント

時間（どれだけけいれんしていたか）、けいれんの状態（体のどこがどのようにけいれんしていたか）、目つき（白目、目が一方に寄っていないか）、顔色（青ざめてないか）などのことを観察し、受診時に伝えましょう。そのため、できる限り多くの目で対応し、役割分担することが大切です。

9 午睡を嫌がる子どもへの対応は？

午睡を嫌がる子どもにはどのように関わるとよいですか？

【 3歳ごろ 】

子ども

ねむたくない……

保育者

どうしよう

なぜだろう？ 保育者のギモン

お昼寝の時間を必ず嫌がる子どもがいます。午睡はなぜ必要なのでしょうか？ また、嫌がる子どもにはどのような関わりが効果的ですか？

お答えします！

乳幼児にとって午睡は、「体力の回復」や「情緒の安定」だけではなく、心身の発達に必要な「成長ホルモンの分泌」につながります。安心して眠ることができる環境を確保することや、個人差があることを考慮し、一律な関わりにならないことが大切です。

> 子ども
>
> だんだんねむたくなってきた……

> 保育者
>
> この子にはどうするのがいいのかなぁ

安心できる環境として、スキンシップは効果的です。抱っこをするだけでなく、一人一人心地よいと感じるスキンシップのポイントを探り、試してみましょう（胸をとんとん、おでこをなでる、足の裏を触るなど）。

無理に寝かせる必要はありません。寝転がるだけでも体力は回復します。その場合、寝ている子どもがいる空間とは別のスペースを確保し、起きていても穏やかに落ち着いて過ごせるような対応も考えましょう。

—— Check

リラックスできる環境

五感を刺激するような空間づくりが効果的です。例えば、ヒーリング曲など落ち着いた音楽を流したり、保育室の照明も暗すぎないようにするとよいでしょう。寝にくい場合、寝具（タオルケットなど）など触れるものの素材を変える工夫も大切です。また、温度・湿度も快適に保つよう心掛けましょう。

Point

午睡を見守る注意点

特に注意すべきことは寝る体勢（うつぶせ寝）です。うつぶせ寝には乳幼児の突然死や窒息の可能性があるため、定期的に様子をチェックし仰向けに寝かせることを意識しましょう。また寝ている体勢だけでなく、体温や呼吸の変化にも気付けるよう、注意しましょう。

10 一人で着替えができない子どもへの対応は？

なかなか自分で着替えようとしません。
つい手伝ってしまいますが、どうすれば自分で着替えるようになりますか？

【 3歳ごろ 】

子ども

できないもん

なぜだろう？ 保育者のギモン

なかなか自分で着替えができない子どもがいます。どんな工夫をすると「やりたい」気持ちになりますか？

お答えします！ 解決の糸口

2〜3歳ごろから少しずつ一人で着替えができ始めます。ですが、まだ手足をコントロールすることは難しいため、同じ所に両足を入れるなどの間違いも多いのがこの時期です。まずは、「自分で着た」という達成感をもたせてあげましょう。

038

途中まで手助けをして、「あとは手を出すだけ」「あとはボタン一つだけ」などと工程を少なくすることが「できた」という達成感につながります。

保育者

ここまでおてつだいするね！

子ども

これならできるかも……

最初から細かい動作や工程が多いものはやめましょう。できることも個人差があるため、一律にせずに一人一人に合った対応が大切です。

NG

保護者との連携・協力体制

保護者との連携も必須です。家庭での関わりと園での関わりに大きな差が生まれないよう、情報交換をしましょう。私服の場合、伸縮性があり前後どちらを前に着てもいいものをお願いしましょう。大人が工夫することで着脱に対するハードルを低くすることがねらいです。

Point

今日できたら明日もできる！それ、本当？

「今日は一人でできた」は継続するものではありません。精神的に甘えが必要になると、やろうとしないこともあるでしょう。そんな時は突き放したりせずに、着替えを手伝ってあげるとよいでしょう。少しずつできるようになることなので、一人一人のペースを大切に焦らないことが必要です。

11 初めてのあそびを嫌がる子どもにどう関わる?

初めてのあそびを嫌がる子どもをどのように誘うべきかが分からず、困っています。

【 3歳ごろ 】

子ども

やらない、やりたくない、
きらい!

子ども

分からなくてドキドキする、
不安だなぁ

なぜだろう?

保育者のギモン

クラスで初めてダンスをしたり、ゲームあそびをしたりする時に入ろうとしない子どもがいます。初めてのあそびを嫌がる理由としてどんなことが考えられますか?

お答えします!

解決の糸口

「初めてのこと」=「分からないこと」=「不安」につながることが多いです。それは嫌というよりも不安度が高いことの表れです。つまり、初めてのことでも「分かる」ことで安心して参加できるようになります。

子ども

やりたくないなぁ

保育者

やりたくないんだね、
じゃあちょっと見てみようか

子どもの声を聞き、思いに共感することから始めましょう。個人のペースに合わせ、見るという参加の形から始めることも一つです。少し興味をもち始めたタイミングを見計らって自然に誘ってみましょう。

無理強いしないことも大切ですが、活動中そのまま放置することは絶対にダメです。時折、そばに行くなどして保育者が自分に関心を向けていることをしっかりと示しましょう。

—— NG

「初めて」の不安を
払拭するためには

見通しをもつことができたり、面白いポイントが分かると興味をもち始めます。そのため、あらかじめ個別に内容を伝えることや活動を予告することも大切です。また、「今やったのはね……」と活動後に内容を説明すると参加しなくても内容を理解することもできます。理解することが安心につながるのです。

Point

集団と個の位置関係

参加しなくても、活動が「見える位置」に子どもがいることが大切です。そのため、あそんでいる子どもの位置を近くに寄せたり、保育者が話す向きを見ている子どもの方に向けたりするなど、「位置」や「方向」を工夫するだけで参加している気持ちになるでしょう。

12 園でトイレに行けるようになるには?

家庭では自分でトイレに行けるのに、園では行けないのはなぜでしょうか。
どうすれば、自分ですすんでトイレに行くことができるようになるでしょうか。

【 3歳ごろ 】

子ども

おしっこでそう……

なぜだろう? 保育者のギモン

保護者からは家庭では排泄の自立が
できていると聞いていますが、園で
は自分からトイレに行くことができ
ません。みんなでトイレに行くタイ
ミングをつくっていても、用を足さ
ずに出てきて漏らしてしまうようで
す。どうすれば園のトイレを使える
ようになりますか。

お答えします! 解決の糸口

排泄の自立には、体の成長のほかに
情緒の安定も大きく影響してきます。
特に不安をもちやすい部分でもある
ので丁寧に対応します。家庭との連
携を十分とるとともに、個々の不安
の要因(「暗くて怖い」など理由は
様々です)を探ることが重要です。

子ども

一人じゃこわい

保育者

近くにいるからね

不安な子どもには安心できるまで「ここで見ているからね」と近くで付き添ってあげましょう。おもちゃを手放したくなくて行きたがらない子には「先生が預かっておくからね」と言うなど、トイレに行きたがらない個別の理由を探りながら対応していきます。

「早く行きなさい」とトイレに促すだけでどのような様子かを見ていないと、何に困っているのかが分かりません。例えば、和式と洋式の違い、流し方（レバーなど）が分からない、水の音が大きくて怖い、立ってできないなど、理由は様々です。

NG

みんなでトイレに行く時間を

活動の前など、保育者が促して友達と一緒にトイレに行く時間をつくるようにしましょう。仲のよい友達が一緒だと行きやすくなったり、にぎやかな雰囲気に安心できたりします。最初は使うことができなくても、友達の様子を一緒に見たりトイレの水を流してみたりするだけでもよいでしょう。

Point

家庭との連携

特に新入園児の場合、子ども以上に保護者が心配になることがあります。必ずできるようになることや、保育者の支援の方法などについて話すようにしましょう。「大丈夫」と親子ともに安心することで、情緒的な安定とともにトイレに対する緊張感が緩和されます。

13 よくお漏らしする子どもへの対応は？

自分でトイレに行くことはできるのに、あそんでいる途中でお漏らしをしてしまいます。どうすれば、お漏らしをする前に自分でトイレに行くことができるようになりますか？

【 3歳ごろ 】

子ども

でちゃった……

なぜだろう？ 保育者のギモン

あそんでいる時にトイレに行きたくなり駆け込みますが、間に合わずに漏らしてしまいます。「行きたくなったら早めに行こうね」と話しますが、なかなか間に合いません。どうすれば尿意に気付いて自分からトイレに行くことができるようになるのでしょうか。

お答えします！
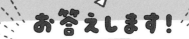
解決の糸口

長時間トイレを我慢することは難しいので、活動の合間などトイレに行きやすい時に声を掛けたり、もじもじしていたら一緒にトイレに誘うなど、早めに見通しをもってトイレに行けるようにすることが大切です。

子ども

> おしっこでちゃった……

保育者

> 言えてえらかったね。次は大丈夫だよ

まずは「きちんと言えて偉かったね」と、今できていることを認めてあげましょう。「あと少し早く来れたら間に合ったよ」「昨日はうまくいったから、次は大丈夫！」と自分の肯定的な未来が描けるようにしましょう。

「どうしてもっと早く行かなかったの」など失敗を責めてしまうと自己肯定感が下がり、次は気を付けようと思えなくなってしまいます。

NG

成功体験

その子のトイレに行くタイミングや尿意を感じ始めた時のサインをよく見て、「トイレに行こうね」と促してあげましょう。「今日はトイレでできたね」とうまくいった経験を自覚させてあげて、「また行こう」と思えるようにすることが大切です。成功体験を支えて意欲につなげましょう。

Point

身体機能の発達

子どもは尿をためる機能が未発達のため、長く我慢することができません。また、目の前のことに夢中になるとトイレに行くのを忘れてしまいます。活動の合間に声を掛けたり、次の活動を知らせてあげたりすることで、少しずつ見通しをもってトイレに行けるようになります。

Q 14 食事のマナーはどうすれば身に付くの?

食事中に席を立ったり、好きなものばかり食べてあとは残してしまったりして、ちゃんと最後まで食べてくれません。
楽しく、正しいマナーで食事をするにはどうすればいいですか?

【 3歳ごろ 】

子ども

もういらない

なぜだろう? 保育者のギモン

食事途中で「もういらない」と言って、食べることをやめてしまう子どもへの対応の仕方が分かりません。最後まで食べてほしいのですが、どうすればいいですか。

お答えします！ 解決の糸口

まずはしっかりお腹をすかせることです。活動量はどうですか？ 食事中に立ってしまう子には根気よく「食べ終わるまで座っていてね」と伝えましょう。家庭との連携が欠かせないので、家での様子を保護者に聞くことや、調理の工夫などを園から伝えていくことも大切です。

保育者

昨日よりたくさん食べられたね

保育者

食べたらいっぱいあそべるね

「昨日よりたくさん食べられた」と頑張ったことを認め、「食べたらいっぱいあそべるね」など食事で自分の生活がよりよくなることを話します。飽きてしまう子には保育者が隣で楽しい雰囲気で食べることを助けます。

「食べ終わるまであそんではいけません」など、無理に食べさせると食事そのものが嫌になってしまいます。食事は楽しいもの、食べることは自分にとってよいことという意識が大事です。

NG

食べやすい環境づくり

テレビやおもちゃなど余計な刺激はないか、椅子はその子の高さに合っているか、足はぶらぶらしていないか、食事の量は適切かなど食事に集中しやすい環境ができているか、園でも家庭でも見直してみましょう。

Point

箸を使って食べられるように

手指の巧緻性ができてくる頃です。家庭とも連携をとり、可能であれば箸を使って食事できるように促していきましょう。最初は箸でつまみやすい一口サイズにしたものを、はさんで口に入れるところから始めると取り組みやすいでしょう。

15 動きがぎこちなくて よく転ぶ子どもへの関わり方は？

何もないところでつまずいたり転んだりしてしまいます。体の動きも少しぎこちないように見えます。どうして転んでしまうのでしょうか。また、体の発達を促すにはどのようなことに気を付けて生活をすればいいですか。

【 3歳ごろ 】

なぜだろう？

保育者のギモン

段差も何もないところでよく転ぶ姿を見かけます。よく見ていると、友達やものにぶつかったりすることも多く、よけたり体を支えたりすることも苦手なようです。健康診断では特に心配なところはないようです。どんなことに気を付けて生活するようにすればいいですか。

お答えします！

解決の糸口

生活経験の差がバランスをとる能力などに大きく影響します。普段どのようにあそんでいるか、歩くなどの基本的な動作を日常的にどのくらい行えているかなどについて、「おうちではどのようにあそぶのが好きですか」など家庭の様子を保護者に聞いてみましょう。

子ども

先生、つかまえて

保育者

まてまて〜!

鬼ごっこや簡単なサーキットあそびなど、様々なあそびを楽しみながらしっかり体を動かしましょう。運動的なあそびに苦手意識のある子どもには、個別に対応し、友達関係の中で意欲を促すなど、あそぶきっかけをつくるようにしましょう。

運動的なあそびに苦手意識がある場合、無理強いしては余計に嫌いになってしまいます。「どうすればやりたい気持ちになるか」を考えるようにしましょう。「楽しいからやってみようよ」と保育者の気持ちだけで進めるのは逆効果です。

NG

土踏まずの形成

Point

3歳ごろになると土踏まずが形成され、クッションの役割をすることで長く歩けたり、しなやかな動きができるようになってきます。散歩のほかに、ビニールにひもを付けた簡単なたこをもって走るあそび、ふかふかのマットや落ち葉の上にジャンプするあそびなど、楽しく運動的な活動に親しめるようにしましょう。

生活経験の差に応じた対応

高さへの恐怖心や初めてのことへの緊張など、子どもによって苦手意識の原因は様々です。一人一人のあそぶ様子を見て対応します。友達がしていることに関心を示す時期でもあるので、挑戦してみようとする機会を見逃さず、個別に支えてあげるようにしましょう。また、家庭との連携も大切なポイントです。

16 友達を押したり突き飛ばしたりして、危ない時の対応は?

あそんでいて嫌なことがあると、友達を押したり突き飛ばしたりしてしまい、とても危険な時があります。どう話を聞いてあげればいいのか、どんなことに気を付ければいいのでしょうか。

【 3歳ごろ 】

子ども

ぼくのおもちゃにさわるな!

保育者

押してはだめだよ!

なぜだろう?
保育者のギモン

何度言い聞かせても、嫌なことがあると衝動的に友達を突き飛ばすなど危ない行為が収まりません。「だめよ」と危険な行為を知らせても、かっとなるとすぐに手が出てしまいます。言葉で自分の思いを伝えられるようにしたいのですが、どうすればいいですか?

お答えします!
解決の糸口

まだ言葉で自分の思いを伝えることが苦手な子もいる時期です。極端に少ないおもちゃは余計なトラブルを生むので、十分な数のおもちゃを用意してあげましょう。その上で、集団生活に必要な「自分の感情を制御すること」を少しずつ覚えさせてあげましょう。

> 保育者
>
> 嫌なことがあったのね。
> 先生にお話ししてね

トラブルが起きそうになったら近くで様子を見てあげましょう。手が出てしまいそうになると保育者が間に入って距離をとるようにします。必要ならば背中をさすったり抱きしめてあげたりすると、気持ちが落ち着いて話し合いができるようになってきます。

突き飛ばしてしまった後で「なんでたたいたりしたの」「たたくのは悪い子ですよ」と叱るのはやめましょう。存在そのものを否定してしまうと、子どもは受け入れてもらえないと感じて、余計に攻撃的な行動に出てしまいます。

—— NG

point

ピグマリオン効果

保護者の期待がよい影響を生むという教育心理学の心理的行動の一つです。この子はすぐ手が出てしまう子、という教師の思い込みは子どもを意固地にさせてしまいます。「一緒にあそびたかったんだよね」「〇〇君が嫌いなわけじゃないんだよね」と子どもを信じて接することで、子どもは受け入れてもらえたと感じて自分の感情を制御する意欲がわきます。

具体的な言葉で言い換えて

「三輪車が使いたかったのね」「今は友達が使ってるね」「『次代わってね』って言ってみようか」など、気持ちを言葉で整理して理解できるようにしてあげると同時に、どう言えば自分の欲求が満たされるかを学ばせてあげましょう。

17 すすんで片付けができるようになるには?

あそんだ後、おもちゃや道具を出したままで次のやりたいことに向かってしまいます。どうすればすすんで片付けができるようになりますか。

【 3歳ごろ 】

保育者

> 片付けようね

おもちゃばこ

子ども

> まだあそぶもん！

なぜだろう？ 保育者のギモン

「まだあそぶから」「あとで使うから」と言われてしまうと片付けのタイミングが分かりません。「片付けようね」と言っても嫌がってやらないので、結局、大人が片付けてしまっています。

お答えします！ 解決の糸口

3歳ごろになると、みんなで守るきまりが分かってきます。しかしまだ自分の欲求の制御はうまくできません。「片付けなんだよ」と友達には言えても自分はあそんでしまうということもよくあります。まずは片付けることが楽しい、心地よいと思える環境をつくっていきましょう。

保育者

このおもちゃのおうち分かるかな?

子ども

知ってるよ

「できるかな?」と子どもの意欲を引き出しながら、保育者は楽しい雰囲気をつくって、片付けを楽しめるようにしていきましょう。「まだあそびたいよね」と葛藤に寄り添うことも大切です。子どもなりの片付け方を受け止め「きれいにできたね」と満足感を味わえるようにします。

「このおもちゃはここでしょう」など、子どもがせっかくやろうとしている姿を否定して、大人の思うきちんとした片付けを求めると子どもは片付けを嫌がるようになります。

NG

Point

分かりやすく楽しく

片付け方はできるだけシンプルに、表示なども分かりやすくします。子どもが楽しいと思える片付け方を工夫すると、喜んで片付けるようになります。パッと見て何がどこにあるかすぐ分かるような表示を、子どもの目に入りやすい場所に示し、箱やかごなど戻しやすい方法で整理するようにしましょう。

子どもなりの片付け方

友達と一緒に机を運ぶことやほうきでごみを集めることなど、楽しめる片付けからどんどん任せてみましょう。「わっしょい」など声を掛けながら、周りの子どもたちも一緒に楽しくします。ほうきやぞうきんを使いたがるなど、子どもなりに片付けに向かう姿勢を受け止めましょう。

18 偏食がはげしい
子どもへの対応はどうすればいい?

食事中、好きなものばかり食べてあとは残してしまいます。食べさせようとするのですが、食べません。バランスよく食べられるようになるにはどうすればいいですか。

【 4歳ごろ 】

保育者

野菜も食べようね

子ども

もうおなかいっぱい

なぜだろう?　保育者のギモン

野菜や肉などをバランスよく食べてもらいたいのに、嫌いなものには箸をつけたがりません。どうすれば苦手なものも食べたいと思えるようになりますか。

お答えします!　解決の糸口

バランスよく食べることは大切ですが、無理強いすると余計に嫌いになってしまいます。焦らず、少しずつ乗り越えられるようにしてあげましょう。食べたくなるような環境を準備することや、調理の仕方の工夫など、保護者にも協力してもらい家庭と連携してすすめていきましょう。

子ども

ちょっとだけ食べてみようかな……

保育者

すごいね。お兄さんだね
（お姉さん）

挑戦のハードルを低く設定してあげることが大切です。苦手なものに挑戦してみようという気持ちを向けることができたら、それだけでよしとしましょう。口元に運ぶところまでできたら「よく頑張ったね」とほめてあげます。「お兄さん（お姉さん）だね」と精神的な成長を認めつつ、スモールステップを上がっていくことでやがて食べられるようになります。保護者にその時の様子を伝えて、家庭と連携をとることも重要です。無理強いは禁物です。

Point

保護者との連携

苦手な食べ物でも、小さく刻んでハンバーグに混ぜるなど、調理法の工夫で食べられるようになることもあります。内緒で好きな食べ物に少しだけ混ぜて、「実はね……」と知らずに食べられていたことを伝えて、自信をもたせることもできます。その子に応じて支援できるよう、家庭と連携をとってすすめましょう。

食べ物への興味を育てる

野菜などを一緒に育てて、食べるまでの過程に触れてみるのも、食べ物に興味をもつきっかけになります。皮むきなどの調理に参加することもよいですね。また、「これは筋肉になるよ」など、食べ物のもつ力について話を聞くことも食べようという意識につながります。

19 落ちついて話を聞けるようになるには?

注意散漫で、キョロキョロしたり他のことが気になったりして、落ち着いて話が聞けない子どもには、どのように対応したらいいですか?

【 4歳ごろ 】

保育者

どうして話を
聞いてくれないの?

なぜだろう？ 保育者のギモン

どんな工夫や対応をすると、じっとして話を聞いてくれるようになりますか?

お答えします！
解決の糸口

子どもは、あそびの続きや興味のあることなど、心を惹かれる刺激に関心が奪われがちです。保育者の接し方が命令や指示ばかりになってしまうと、なおさら逆効果です。まずは、子どもの話に保育者自身が耳を傾けて、話をじっくり聞いてみることから始めましょう。

> 保育者
>
> あっ！ ○○ちゃんと目が合ったね

> 子ども
>
> うん　うん

今までと違う反応が見られたら、好意的に反応を返してあげましょう。あなたのことをちゃんと見ているよということを、伝える言葉を掛けましょう。

保育者自身が、その状況を放置してしまったり、話し方の工夫をするなどの改善をしないでそのままにしてしまったりすることはやめましょう。

NG

子どもの関心を向けるための工夫

「今から3つ話をするからね」と子どもが分かりやすい話の仕方を工夫してみましょう。また、話し方のコツは、むやみに大きい声で話すのではなく小さめの声で話し始めたり、子どもと応答性のある話の内容で関心を向けさせます。子どもに「面白そう」という関心をもたせることが大切です。

Point

保育室などが、話を聞きやすい状況になっている？

子どもの興味が奪われそうなものが出しっ放しになっていたり、環境やその場の雰囲気が乱雑になったりしていませんか？　作ったものや、いらないもの（今必要のないもの）などが視界に入ると、集中力もなくなってしまいます。周囲の環境の見直しも手だての一つです。

20 外あそびや体を動かすあそびを嫌う 子どもとの関わり方は?

外あそびをしたがらない子どもや、体を動かすあそびを嫌う子どもに、どのように誘って興味をもってもらうか困っています。

【 4歳ごろ 】

保育者

ねえねえ、お外にあそびに行こう

なぜだろう? 保育者のギモン

保育室であそんでばかりで、誘ってもなかなか外に行こうとしてくれない子がいます。遊戯室で体を動かすこともあまり好きでないのでしょうか。どうしたら興味を示してくれますか。

お答えします!

解決の糸口

子どもの発達の実情を捉えて、体を動かすことの面白さや、心地よさ、楽しさ、できた! などという感覚を味わえるようにしてあげましょう。難しいことではなく、生活やあそびの中で慌てず誘ってあげましょう。

保育者

> 天気がいいから一緒に
> お外に行ってみない？

子どもの実態や気候などに合わせて、一緒に行こうと誘ってみましょう。無理強いするのではなく外での心地よさや草花や虫との出合いなど、いろいろな発見を通して子どもの心が解放できるようにしてみましょう。

みんなが行っているから行こうなどと、強引に誘ったり、子どもの気持ちに寄り添ったりせず対応してしまうのはやめましょう。

—— NG

子どもの実態や発達の実情に合わせて

子どもの発達は必ずしも一様ではないため、その子に合わせた支援や援助が必要です。面白い、楽しい、できたなどという感覚を一緒に味わいながら経験を重ねていくことで、子どもの意欲が増したり興味がでてきて、繰り返しやってみようとしたり友達との関わりが生まれたりし、活動の幅が広がっていくでしょう。

Point

五感を使って季節を感じる経験を

外に出てみると、肌や目などを通して沢山の発見があります。「〇〇をしないといけない」ではなく、一緒に歩きながら楽しそうなことを発見したり、友達がしていることや、遊具なども活用したりして体を動かす経験が自然にできるようしましょう。また、五感を使ったあそびを提案するなどして、外ならではの開放的なあそびを取り入れることも大切です。

21 プールが嫌い、水が怖いという子どもへの対応は?

水に苦手意識がある子どもが、抵抗感なく水に親しめるようになるには、
どうしたらいいでしょうか?

【 4歳ごろ 】

子ども

いやだ、いやだ!　したくない!

なぜだろう?　保育者のギモン

最初から水を怖がることなくプールに入っていける子どももいれば、顔にちょっとでも水がかかると嫌がる子どももいるなど、様々です。どのようなことが原因で、プールあそびなどに対して水への恐怖心をもってしまうのでしょうか。

お答えします!　解決の糸口

水に対してネガティブな印象をもっている子どもの恐怖心を理解し、無理強いすることなく、あそびを通して水に対する垣根を取り除いてあげましょう。スモールステップで急ぎすぎないことが大切です。

保育者

> 水って気持ちいいね

子どもの表情を見ながら、子どものペースに合わせて水に慣れさせていきます。

プールや水に抵抗がある子どもに対して、保育者が急かしていろいろなことをさせようとしたり、水が顔にかかってしまったりするなど配慮のない対応をするのはやめましょう。

—— NG

一緒に水の心地よさを感じながら、焦らず子どものペースで

Point

肌に触れた水が想像以上に冷たかったり、突然顔に水がかかってきたりした経験から、水への恐怖心へつながっていったという話をよく聞きます。子どもの表情を見ながら、おもちゃや道具も活用して楽しい経験を積んでいってあげましょう。少しでも進歩がみられたら、しっかりと褒めてあげましょう。

安心と安全を守ることが大前提

水あそびやプールあそびは、危険が伴います。大きな事故につながりかねませんので、子どもから目を離さずに安全第一にしていきましょう。ヒヤリ・ハットの事例については必ず職員で話し合い、対策を考えておきましょう。

22 手洗いや歯磨きをしようとしない子どもへの関わり方は?

手洗いや歯磨きを自分からしようとしない子どもに、
どのように伝えればいいですか?

【 4歳ごろ 】

保育者

外から帰ってきたら
手洗いをしましょうね。
手を洗わないと、
ばい菌がいっぱいだよ

なぜだろう? 保育者のギモン

毎回言わないと手洗いや歯磨をしようとしません。自分で気付いたり、必要性が分かったりして、すすんで手洗いや歯磨きができるようになってほしいです。

お答えします! 解決の糸口

保育者も子どもと一緒に手洗いや歯磨きをしてみましょう。子どもは周りにいる人のことをよく見ているので、子どもの行動が変わるきっかけの一つになります。また、手洗いや歯磨きの大切さを伝える手段も工夫してみましょう。

保育者

私も手洗いしよう！

目に見えないばい菌の存在を、子どもとの会話の中で意識させるようにし、保育者も率先して手洗いや歯磨きを子どもと一緒にするようにしていきましょう。

保育者

私も歯磨きしよう！

指示ばかりで、なぜ手洗いや歯磨きが大切なのかを伝えようとしないのは、子どもの自発的な行動には結び付きません。

NG

保育者も子どもと一緒にしてみよう

まずは、指示だけに終始せず、保育者も子どもと一緒に楽しみながら手洗いや歯磨きをやってみましょう。継続していくことで習慣化し、生活の中の一部になっていくでしょう。

Point

自分の体のことを知るいいチャンス！

目に見えないばい菌の存在を子どもが理解し、手洗いや歯磨きの習慣を付けてもらうのは難しいことです。この機会に、紙芝居や絵本を使うなど工夫して、自分の体や健康について一緒に知ることで、子どもの自発的な行動に結び付けていきましょう。

23 身の回りの始末ができない、遅い子どもへの対応は?

使ったものを出しっ放しにしていたり、自分のロッカーの周りが乱雑になったりしています。どのように伝えたら身の回りの始末が自分でできるようになりますか?

【 4歳ごろ 】

保育者

また出しっ放しになっているよ。
片付けしてね

なぜだろう？ 保育者のギモン

どうしていつも出したものがほったらかしになっていたり、ロッカーの周りがものであふれている状態になるのでしょうか。自分で片付けられるようになるには、どうしたらいいですか？

お答えします！

解決の糸口

実は子どもは「○○がしたい」という気持ちであふれています。子どもの好奇心を止めずに好きなことをさせ、思い切りあそばせることが大切です。あそび込んだ後の充実感が、身の回りの片付けなどの行動に結び付くことは少なくありません。

保育者

> すごいのができたね。明日も続きをしようね。
> これは大切に置いておこうね

子どものあそびに共感しつつ、片付けの時間を子どもと決め、最初は一緒に片付けを手伝ったり、ものの置き場所を決めたりしましょう。子どもが自ら片付けようとする気持ちがもてるように促してみましょう。

子どもに片付ける気持ちがあるにもかかわらず、保育者が「早く片付けなさい」と言ってしまうと、子どものやる気が失せてしまいます。

NG

自分から片付けやすいように、環境を整える

まずは、自分のものをどこにしまったらよいのかを分かりやすく伝えたり、子どもが簡単に片付けられるような工夫をしたりすることで、片付けをあそびの延長線上に位置付けて、子どもの楽しさにつなげていくようにしてあげましょう。

片付け始める時間をあらかじめ伝えておく

あそびを急に中断し片付けさせることは、子どもの気持ちの切り替えを難しくしてしまいます。あらかじめ片付けの時刻を知らせたり、一緒に決めたりして、子どもが納得して片付けられるようにしてみましょう。また、自分で片付けられるようになってきたら必ず認めて褒めてあげましょう。次第に自主的に身の回りの始末をするようになっていくでしょう。

24 すぐ「つかれた」と言ってやめてしまう子どもへの関わり方は?

子どもが自分で材料を集めてきて、イメージしている恐竜を形にしようとします。
しかし、途中で座り込んだかと思うと、「つかれた」と言って作るのをやめてしまいました。

【 5歳ごろ 】

子ども

箱は集めたけど、なかなか思ったようにならないなあ。どうしよう……

保育者

材料が集まったね! 頑張って作ってね、楽しみにしているよ

なぜだろう? 保育者のギモン

最初は、大好きな恐竜を作ろうと、イメージに合った箱や廃材を集めてきてやる気満々だったのに、作り始めてしばらくすると急に「つかれた」と言ってやめてしまいました。どういう気持ちの変化なのでしょうか。

お答えします! 解決の糸口

子どもが、イメージを形にする時には、やる気だけではどうにもならないことがあります。イメージはできても、現実にあるものを使ってそれを表現するためには、その子どもの力量やイメージしていることに対する、保育者の十分な理解と応答的な関わりが必要です。

子ども

箱は集めたぞ！
かっこいい恐竜を作るぞ！

保育者

恐竜を作るのね！　プテラノドン？　首長竜？
どんな恐竜を作るの？　トリケラトプスなのね。
しっかり貼れるテープを持ってきておくね

子どもの興味・関心がどこにある
のかが読み取れ、それに対してど
うしたいかが語られています。そ
のイメージを実現するために、共
感することと、それに必要な素材
や道具を探りながら提案するなど、
応答性をもって関わります。

子どもが恐竜好きでやる気が
あるから、後は本人ができる
だろうと全てを任せてしまう
のは、子ども理解が浅いと言
えます。

NG

疲れの要因をさぐる

子どもは、イメージを言葉にしながら実現に
向けての思考が促されます。それに対しても
応答してくれる保育者がいると、小さなつま
ずきを乗り越えたり意欲が高まったりします。
「つかれた」という言葉が表す子どもの内面
を読み取り、支えていくことが大切になりま
す。

Point

興味・関心、発達の状況に合わせた
保育の計画になっている？

実現に向けた過程に、必要な技術や思考力・
判断力・表現力、材料・道具を選択する力な
どが育つことが期待されます。テープ一つ
とっても種類は様々です。テープの種類に
よっては、最初は、使うときに手伝う必要が
あるかもしれません。

25 忘れものやなくしものが多い 子どもへの関わり方は?

自分の持ちものをどこに置いたか分からなくなってしまう子どもには、どのように声を掛けるとよいでしょうか。

【 5歳ごろ 】

子ども

先生、私の水筒がないんだけど……

保育者

どこかに持っていって、
そのまま置いてきたんじゃないの?

なぜだろう？ 保育者のギモン

自分で持っていったはずなのに、なぜ持って帰って来ないのでしょうか。どこに置いたかも忘れてしまっているようです。

お答えします！ 解決の糸口

幼児期は能動的に物事に関わっていきます。興味・関心が高いため、あれもこれも気になることがあります。経験を重ねると、知っていることが増え、段々と落ち着いて周囲のことが見えてくるようになります。発達の特性の理解と個々の成長・発達の状況を見極めた対応がポイントです。

子ども

あ〜楽しかった！　あれ、水筒と帽子がない。先生、水筒と帽子がないよ

保育者

楽しくあそべてよかったね。どこであそんでいたのかな？　思い出してみよう

楽しかったことや、それまでにしていたことを聞き受け止めた後、何をどうしたかを、順を追って思い出せるように聞いていきます。思い出せる場合もあれば思い出せない場合もありますが、自分の行動を記憶したり意識したりできるようになると、振り返ることができるようになります。この経験を積み重ね、行動する前に意識できるようになっていきます。

できていないことを頭ごなしに叱ってしまうと、かえって混乱を招いてしまいます。

NG

忘れてしまっていること・ものについて、思い出すことから始める

「忘れてしまった」と子どもはよく言いますが、覚えていないこともよくあります。自分が、何をどうしたのかを意識して覚えることができると、思い出しやすくなるでしょう。「ここに水筒を置くのね」など、覚えておくと解決しそうな場面で、確認しておくことも有効です。

Point

覚えていることから、思い出す

「どこに忘れたの」と尋ねてもそれが分からないのです。何をしていたのか、どこに行っていたのか、誰とあそんでいたのか、楽しかったのか……など、感情も含めて状況を尋ねたり共感したりすると、思い出すことがあります。それを繰り返していると、覚えておくポイントや思い出し方が獲得できていきます。

Q 26 友達と競い合ってあそぶことを嫌がる 子どもへの対応は?

リレーやドッジボールなど競い合う活動に自分から参加しようとしません。

【 5歳ごろ 】

保育者

今日は、みんなで
リレーをしましょうね!
みんな頑張って走ろうね

子ども

ぼく、リレーいやだなあ。
リレーしたくないんだけど

なぜだろう? 〔保育者のギモン〕

みんなで参加しないとリレーにならないのですが、競い合う活動に参加しない子どもがいます。走るのが嫌なのでしょうか。

お答えします!

比較したり、違いに敏感になったりする成長の時期です。保育者が、その比較や違いに気付く子どもの発する言葉や行動に、どのような対応や配慮をするかが保育のポイントになります。

保育者

今日は、リレーにかえて、
ジャンケン対決をしよう!

子ども

ジャンケン対決なら、勝てるかも
しれない、よーし、頑張るぞ!

様々な勝負の方法を保育者が教材研究し、勝負の面白さが経験できるようにしましょう。それに向かう自分をどう捉えられるかがポイントです。試してみよう、やってみてよかった、次もチャレンジしてみよう、と前向きになれるようにしていきましょう。

違いに気付いている

違いに気付くことも大切な成長です。違いに気付いたその後の経験が、今後を左右します。違いを認められるようになることも大事ですが、違うからと全てを割り切ってしまうのは集団や社会性、自分に向き合う力が育ちにくくなります。気付いてからどのようにしたか、この過程が重要です。

Point

自信と自己肯定感

走るのが速い、力が強い、私の方ができるなど、子どもたちは得意なことから自信をもちます。しかし、その逆で自信をもてないこともあります。自分ではどうしようもないことでも、一生懸命さやひたむきさで向き合おうとしていれば、そこを認め、自信にすることもできます。多角的に分析し、個々の特性や性格が生かせる保育を展開しましょう。

27 手先が不器用な子どもへの対応は?

手先を使った細かい作業が苦手で、はさみなどを使う時に不安感がある子どもにはどのような関わりが必要でしょうか。

【 5歳ごろ 】

子ども

画用紙に自分の顔を描いてそれを切っているんだけど、うまく切れなくって

保育者

どうも切りにくそう。
本人も困っているみたい

なぜだろう?
保育者のギモン

手先が思うように使えていなかったり、はさみも使いにくそうな子どもがいます。このような子どもには、どのように関わるとよいのか分かりません。

お答えします!
解決の糸口

手先だけではなく、運動機能が著しく発達するこの時期は、大きな動きから段々と細かな動きができるようになっていきます。大きな動きを存分に経験できているか、経験がなければ大きな動きから段々と細かい動きができるように、段階的に巧緻性を高めていくようにしましょう。

保育者

画用紙を手でちぎってみよう。
それを使って自分の顔を作ってみようね

はさみがうまく扱えることにこだわるのではなく、手先を多く楽しく使う経験ができることを考え、手先を使いたくなるようなあそびを取り入れてみましょう。

子ども

ちぎるの楽しいね。もっとちぎってもいい？　はさみも使ってみようかな

思う存分指先を使える機会を保障する

子どものできるところから、楽しんで指先を使う活動を多く取り入れましょう。ちぎる時の指先の動かし方や力の入れ具合を繰り返し経験できるようにしましょう。ちぎることから、ちぎって型をとることへ段階を踏んで細かい動きを身に付けていくとよいでしょう。紙をひたすら切ることから始めると段々とはさみも扱えるようになるでしょう。

Point

必要にかられて、道具を使う

はさみを使うと便利だということに気付くと、使うと楽になるだろうと思う時に、はさみを選択し、使う機会が増えます。それにともない、扱い方もうまくなっていきます。お菓子の袋が開けられない時に、はさみを使う選択をすれば、簡単に開き、開け方も上手になっていきます。「手でも開けてみよう」とチャレンジすることにもつながります。

28 苦手なことが多くて、運動が楽しめない子どもへの関わり方は?

身体を使った活動になると不安な表情になる子がいます。
運動に関しては、消極的で不安感があるようです。

【 5歳ごろ 】

保育者

さあ、今日は皆で
ドッジボールをするよ

子ども

ドッジボールはしたくないよ。
当たるんだもん、痛いし、
やりたくないよ

なぜだろう？　保育者のギモン

みんなで活動すると楽しいのに、な
ぜ、入ろうとしないのでしょうか。
逃げるだけでいいんだけど……。

お答えします！　解決の糸口

急に、本格的なドッジボールやルー
ルの多い運動をしても、ルールの理
解や理解したことを行動にうつす能
力には、個人差があります。活動し
ている全体の雰囲気で捉えて「楽し
いね」などと保育者が子どもに伝え
ていませんか。

保育者

> ドッジボールをするけど、最初は、
> 転がしドッジボールだよ

ルール重視ではなく、楽しく活動できることを選択し、あそびや活動自体に期待がもてるようにするとよいでしょう。前の自分よりも「大きくなっている」や「頑張っている」と周りからも認められ、自分でもそう捉えられるような環境であれば、「やってみよう」「できるかも」と思えるでしょう。

子ども

> 転がってくるボールを、ひょいっと跳び越えたりよけたりすればいいのか。
> 楽しい。もっともっと！

個々の成長・発達を理解し、何が育つのかを十分考える

苦手なことには、苦手になった理由があるはずです。しかも運動面となると、自分ではどうしようもないこともあります。比較や勝敗といった明確な違いは、自信につながる場合も不安につながる場合もあることを、十分理解した上で計画を立てる必要があるでしょう。

Point

『できるかも』と思える経験を！

苦手なことは、なかなか周りには知られたくないと思います。しかし、集団で生活していると、必ず「違い」に気付くのです。苦手だけれどもそれに向き合ったり、苦手なことを周りに分かってもらっていて、失敗やできないことの評価ではなく、頑張ったことや自分なりにできたことが評価されたりすると、自分自身の成長に向き合えます。

29 あそびが継続しない、すぐあきらめてしまう子どもへの関わり方は?

砂場であそんでいても、すぐに「もうやめた」と言ってやめてしまう子がいます。
なぜでしょうか。

【 5歳ごろ 】

保育者

大きい山を作るんじゃ
なかったの?

子ども

なかなかできないし、
もうやめる

なぜだろう? 保育者のギモン

砂場で山を作ると言ってあそび始めたのに、「なかなかできない」と言って、すぐにあきらめてしまう子どもがいます。もう少し頑張れば大きな山ができるのになぜでしょうか?

お答えします! 解決の糸口

あそび始めのイメージが、現実ではイメージ通りにいかなくなり、期待がもてずにあきらめてしまっているのか、興味・関心が移ったのか、個々の性格や体力など、これまでの経験を踏まえ見極めましょう。保育者も、一緒に砂場であそんでみると、理由が見つかるかもしれません。

子ども

なかなかできないしもうやめる

保育者

ど〜れ、私も山を作ってみるか！
山を作ろうと思ったら、穴が掘れるね！
水を入れてみようか！

あきらめてしまうことに対して、期待がもてる関わりや提案を保育者から投げかけましょう。
「ちょっとやってみようかな」「何それ！」と子どもが興味をもてば、一緒にあそぶ喜びが得られ、「この人とあそびたい！」「またやってみたい！」「もっとやってみたい」につながります。

保育者が傍観者で「あきらめずに、頑張ろうよ」と言うだけでは、あそびにも人にも興味を示さなくなったり、信頼関係が希薄になったりしてしまいます。

NG

自分のできること・やりたいことと実際がズレている？

「頑張ってもできないし」と子どもが言う時は、自分なりに頑張ったけれど、思うようにならなかったのかもしれません。頑張ることができる範囲で、サポートがあれば、「あきらめずに頑張ってよかった、次も頑張れるかも」という経験につながります。そのような経験ができる道筋を保育者はサポートする必要があります。

Point

あそんでいる時の子どもの興味・関心の深さは？

あそんでいる中身や内容が、環境から何かを学んでいる状態であるかを見極めることが重要です。それを理解するためにも、保育者はともにあそび、ともに生活をすることが理解への第一歩です。傍観者や見張り役では、興味・関心の内側は見取ることができません。何を面白がっているのか、発見しているのか、保育者も子どもから多くを学び取りましょう。

30 ルールのあるあそびが楽しめない 子どもにはどう関わる?

ルールのあるあそびを計画して、子どもにルールを説明したものの、
ルールに沿ってあそぶことができない子がいます。

【 5歳ごろ 】

(保育者)

今日は、サッカーをしましょう。
みんなルールを守ってね

なぜだろう?

〔保育者のギモン〕

ルールを守ってあそぶのは楽しいの
に、なぜ意欲が感じられないので
しょうか。

お答えします!

〔解決の糸口〕

ルールが、目の前の子どもの成長や
発達の状況に合っていますか。子ど
もがあそびを楽しむためのルールで
はなく、保育者が守ってほしいルー
ルや規律を押しつけてはいませんか。
ルールは、状況や目の前にいる子ど
もに合わせていく必要があります。

保育者

> サッカーのルールは分かっていても、
> ボールを操作するのは難しいよね。
> まずは、1人ずつボールをもって、蹴ってみよう!

子ども

> 蹴るだけでいいの? 蹴る時は、
> 最初にボールを手で触ってもいい?

Answer

幼児期は、名前のつく運動の基礎が育つ時期です。サッカー、野球、卓球など、将来的にこれらのスポーツに順応するための動きの基礎は、幼児期の自由な動きや生活の中で必要に応じて体を利かすこと、自分の意志で動かしたいように体が動き、イメージと同じ動きをしようとすることなどを経験していることが重要です。

ルールを長時間かけて教え込んだり、まだ獲得できていない動きを強制したりすることのないようにしましょう。

NG

脳の運動制御機能や知的機能の発達・促進に有効!

運動を行う時は状況判断から運動の実行まで、脳の多くの領域を使用することが分かっています。素早い方向転換などの敏捷な身のこなしや状況判断・予測などの思考判断を要する全身運動は、脳の運動制御機能や知的機能の発達・促進に有効であると考えられています。

Point

子どもとルールを変化させていく

子どもが自分たちのあそびに合わせてルールを変化させたり、新しいあそび方を創り出したりするなど、あそびを質的に変化させていこうとすることは、豊かな創造力を育むことにもつながっていきます。

ヒヤリ・ハットとけがの処置

　ヒヤリ・ハットとは、事故には至らなかったものの、ヒヤッとした経験やハッとした経験のことです。けがを未然に防ぐためには、このヒヤリ・ハットを常に報告し合い、共有することも大切です。例えば、トイレの床が濡れていて、急いでいた子どもが滑りそうになった。上階にある出入口の鍵が緩んでいて子どもが外へ出ようとしていた。動物小屋のフェンスが壊れていて、飛び出た部分で子どもが手を切りそうになった。テラスのちょっとした段差で子どもがつまずいて転んでしまった、など。どんなささいなことであっても日常に潜んでいるリスクを保育者間で常に共有し、安全の意識を高めるようしましょう。

　また、けがをした際の代表的な応急処置に「RICE処置」という方法があります。

- Rest ・・・・・・・・・・・・・・・・・・・・・・・・・患部の腫れや血管神経の損傷を防ぐた
  （レスト／安静に）　　　　　　　　　　　め、けがした部分を安静にして動かさ
  　　　　　　　　　　　　　　　　　　　　　ないこと

- Ice ・・・・・・・・・・・・・・・・・・・・・・・・・・・患部の腫れを抑えるため、ビニール袋
  （アイス／冷やす）　　　　　　　　　　　に氷を入れたものや保冷剤などで冷や
  　　　　　　　　　　　　　　　　　　　　　すこと

- Compression ・・・・・・・・・・・・・・・・・・・出血や腫れを抑えるため、包帯やテー
  （コンプレッション／圧迫する）　　　　　ピングで圧迫すること

- Elevation ・・・・・・・・・・・・・・・・・・・・・・出血や腫れを抑えるため、けがした部
  （エレベーション／高く上げる）　　　　　分を心臓より高い位置に保つこと

　処置が早いほど、けがをした後の症状を軽く抑えることができ、さらに傷の治癒を早めます。園で子どもがけがをした際、的確に動けるように「RICE」を頭に入れておくとよいでしょう。応急処置後は、子どもの様子をしっかりと観察し、状況に応じて医療機関を受診するなどの必要な処置をしましょう。

【参考】公益財団法人日本整形外科学会「応急処置（RICE処置）」

健康な体を守るために

第2章

「健康な心と体を育てる」
運動あそび20

1 コチョコチョあそび

| 想定年齢 | 0〜1歳ごろ | 実施人数 | 1人〜 | 所要時間 | 約10分 |

赤ちゃんは、声を出したり、手をバタバタさせたり、顔をニコッとしたり、様々な反応をします。これは赤ちゃんなりのコミュニケーションなのです。赤ちゃんの表情や声、体の動きなどに合わせて応答的にコチョコチョ・コミュニケーションを図りましょう。

準備するもの **特になし**

あそびかた

1〜2か月ごろ　おなかコチョコチョ
授乳の後やオムツを替えた後など、赤ちゃんの機嫌がいい時に、「うれしいのー」「きもちいいのー」など、赤ちゃんの表情をまねしながらコチョコチョくすぐったり、やさしく体をなでたり、さすったりしてみましょう。スキンシップを楽しんでください。

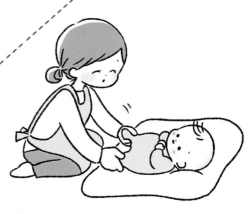

3か月ごろ　コチョコチョからの〜
「コチョコチョからの〜」と赤ちゃんと目を合わせ、アイコンタクトで楽しいことが起きる予感を与えてください。「あんよ（おてて）ノビノビ〜」と優しく手足を伸ばしたり、「ほっぺスリスリ〜」とマッサージしてあげましょう。

乳児期の発達を見通してあそびを楽しもう

生後1か月ごろになると、「あー」「うー」などクーイングと呼ばれる声を発するようになります。これらの発信に周りにいる人たちが反応を繰り返していると、2・3か月ごろには声を出して笑うようになります。そして、4か月ごろにはものに興味がでてきて手を伸ばすようになります。周りの大人が反応してくれると、「あ、私のことをまねしようとしている。見てくれている」ということが分かって、大人のやることもまねするようになるのが6・7か月ごろです。

4か月ごろ　コチョコチョ怪獣　食べちゃうぞー

保育者の手を怪獣の口に見立てます。「コチョコチョ怪獣　食べちゃうぞー」と赤ちゃんの体を触ります。「かわいいおてて、パクパク」「かわいいあんよ、ほっぺ」など、声を掛けながら、体のいろいろなところに触れてあげてください。

── 体に優しく触れてあげる効果とは ──

赤ちゃんの肌を優しく触れたりなでてあげることで、赤ちゃんの皮膚が刺激され、血行が促進されます。また、マッサージによる適度な圧力は、赤ちゃんの筋肉の発達を促します。さらに、リラックス効果や、リンパの流れや血行がよくなることで免疫力があがるとも言われています。

2 | 膝のすべり台・ロールすべり台

| 想定年齢 | 0〜1歳ごろ | 実施人数 | 1人〜 | 所要時間 | 約10分 |

「体を動かしながら五感を育む」が乳児と楽しむ運動あそびのテーマです。スキンシップがとれたり、全身を動かせたりするあそびを紹介します。保育者が一緒のすべり台やトンネルなら恐怖心もなく安心安全です。

準備するもの ❶ソファー ❷布団や座布団・クッション

あそびかた

保育者の体をすべり台にしてあそびましょう。ベッドやソファーの椅子などに浅く座り、足をそろえてまっすぐにして伸ばします。胸の位置に子どもをまたがらせ、おなかを突き出しながら、足の先に向かって子どもをすべらせましょう。

周りに布団や座布団・クッションなどを置くと安心です。うまくすべれないときは、保育者が「シュー!」などと言いながら子どもを抱っこしてすべらせるようにすると、すべり台気分が楽しめます。

こんなあそびかたも…

保育者がひざを伸ばして座り、赤ちゃんを向かい合わせでひざの上に乗せ、手をつないだまま、ゆっくり「ぎっとん　ばっとん」とかがんだり起きたりします。前後への大きな動きが楽しいあそびです。赤ちゃんの腕が抜けないように注意して、ゆっくりと優しく「ぎっとん　ばっとん」してくださいね。

困っている子どもには…

6か月くらいにならないと、まだお座りもできませんよね。そんな時は、赤ちゃんを向かい合わせでひざの上に乗せて、両わきをしっかり支え「曲がりま〜す」と体を左右に傾けたり、「ガタガタ道ですー」とひざを上下に揺らしたりして、赤ちゃんの反応を見ながらゆるやかな動きを楽しみましょう。

 今度は保育者のひざのトンネルをくぐってみましょう。それができたら、おなかの下や足の下をくぐる以外にも様々な形のトンネルを作ってあそびましょう。

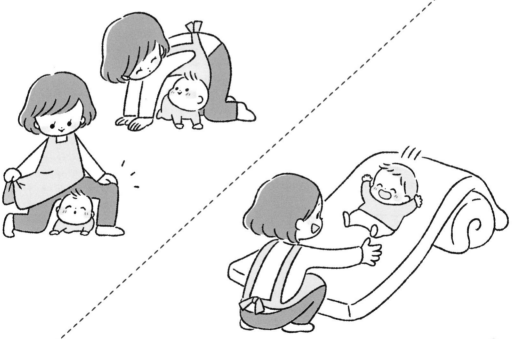

柔らかロールすべり台は、くるくると巻いたマットの上にもう1枚マットをかけて、坂を作ります。

3 | ハイハイ鬼ごっこ

| 想定年齢 | 8か月〜1歳ごろ | 実施人数 | 1〜3人 | 所要時間 | 約10分 |

鬼ごっこのハイハイバージョンです。8か月ごろになると「ずりばい」などですが、興味のある方へ自分で移動していけるようになります。個人差はあるものの、9か月ごろになるとハイハイをする子が多くなってきます。身近な大人の後追いをする子も出てくるでしょう。

準備するもの **特になし（上級編は布団やマット、タオル）**

あそびかた

1 ハイハイする子どもを、保育者が「まてまてー」と声を掛けながらハイハイで追いかけます。ぶつかりそうなものはあらかじめ片付けるなど、安全面に注意してあそびましょう。

まてまてー！

アーッチ！！

2 慣れてきたら、鬼を交代して、保育者が逃げて子どもが追いかけるなどしてみましょう。

「あーあー」と子どもが視線を向けたり、指さしたりしたものを目標物にしてハイハイしていきます。この頃から、欲しいものを手で示すなど意思表示をしてくるため、しっかり目を見て、コミュニケーションをとりながらあそびましょう。子どもが自由に探索行動を楽しめるように、部屋の環境づくりに注意しましょう。

一人一人の運動能力や意欲は違います。保育者は、ハイハイする速さを調整しながら、それぞれのスピードで楽しめるようにゆっくりと追いかけるのがポイントです。

3 あそび慣れてくると、布団やマットの下に丸めたタオルを置くなどして、ハイハイで乗り越える場所を作ってみましょう。サーキットあそびの要素も入って、楽しさアップです。

まてまて～!

1歳ごろになると、つたい歩きができるようになってきます。子どもが手をつける机やテーブルのまわりを追いかけっこしてあそびましょう。保育者がぬいぐるみなどで「○○ちゃーん、まって～!」と追いかけたり逃げたりするとより盛り上がります。 **4**

4 ボール転がし

想定年齢 1～2歳ごろ　実施人数 1～3人　所要時間 約10分

ボールを転がしたり受け止めたり、追いかけたりするあそびです。1歳になると、だんだん足腰の力が発達し、つかまり立ちやつたい歩きなどを経て、全身を使った運動が活発になり始めて、行動範囲が広がります。

準備するもの **柔らかいボール**

あそびかた

まず、一対一で保育者と向き合ってボールを両手で投げる運動をします。「いくよー。ぽーん、ころころ。ナイスキャッチ、上手」など動作を声に出していくと、楽しくなりますよ。

いくよー
〇〇ちゃんに
コロコロー

次はお友達も入ってのボール転がしです。
保育者対子どもたちで、比較的近い距離で転がします。順番に「〇〇ちゃんに　ころころー」と転がして保育者が中心で行います。

こんなあそびかたも…

上手に投げることができるようなったら、今度はボールを蹴る動きに変えてチャレンジしてみてもよいですね。

困っている子どもには…

1歳になると、だんだん大人のまねをし始めるので、大きな動きで見本を見せてあげるのがポイントです。とはいえ、まだしっかり立つことができず、不安定なため、転ぶ可能性も高いでしょう。そんな時は、子どもの手を取って支えたり、転びそうになったら支えられるよう近くで見守ってあげたりすることが大切です。

3　ボールまてまて

「ボールを、ボールを、ボールをぽーん」という合い言葉で順にボールを投げて、そのボールをみんなで追いかけるあそびです。ボールあそびをする時は、周囲にものがない広いホールなどで、子ども同士の間隔を十分に空け、けがをしないように注意することが大切です。

5 「まてまて」追いかけっこ

| 想定年齢 | 1〜2歳ごろ | 実施人数 | 2人〜 | 所要時間 | 約15分 |

子どもは、保育者と一緒にする追いかけっこやかけっこが大好き。「先生」「しっぽ」「こいのぼり」など目指すものがあると、子どもたちはそこに向かってまっしぐらです。コミュニケーションをとりながら、体を動かす楽しさや風の気持ちよさも感じることができます。

準備するもの　**風を受けて動くもの(レジ袋、こいのぼり、凧など)**

あそびかた

1 「○○ちゃん、まてまて〜!」と名前を呼びながら追いかけます。大好きな先生が自分の名前を呼んでくれること、笑顔で追いかけてくれることがとてもうれしく、喜んで走ります。

まてまて〜!

つかまえた〜!

わー!

2 追いかけっこの中で、何回かはつかまえるのもよいでしょう。保育者が笑顔で抱きしめてつかまえることで、安心しながらあそぶことができます。そして、またつかまえてほしいという思いから、あそびが続いていきます。

こんなあそびかたも…

風を受けてふわふわと揺れるレジ袋などを追いかけたり、自分で持って走ったりすることで、風の気持ちよさや不思議さを感じながらあそぶことができます。保育者の服に、すずらんテープなどをつけて、追いかけるのも楽しいです。

困っている子どもには…

やりたがらない子どもは、走ることが嫌だったり、追いかけられることが苦手だったりします。ぬいぐるみなどを使って、屋内で行うことから始めてみたり、「追いかける」側になって大好きな先生を追いかけたりすることから始めてみましょう。

3 「よーいどん！」の合図で、ゴールで待っている保育者に向かって走るかけっこ。保育者の胸に飛び込んで、ギュッと抱きしめると、喜びやうれしさを感じることができ、さらに走ることが楽しくなります。

6 しっぽとりゲーム

| 想定年齢 | 2歳ごろ〜 | 実施人数 | 3人〜 | 所要時間 | 約15分 |

「しっぽ」を取るというシンプルなルールだからこそ、2歳ごろから年長児まで、幅広くあそぶことができます。保育者と子どもたちで、子ども同士でなど、ねらいに沿ってあそびかたをアレンジできるのも、しっぽとりゲームの大きな魅力です。

> 準備するもの

しっぽになるもの(縄、すずらんテープ・布などを三つ編みにしたものなど)
※洗濯ばさみを先端につけると、洋服に簡単につけることができます。

あそびかた

1
しっぽを体の様々な場所につけながら、「おしりにつけたら何になる?」など、興味をもつきっかけとなるやりとりを楽しみます。低年齢の場合、ネコとネズミの追いかけっこがイメージしやすいです。

2
鬼を決めます。保育者対子ども、子ども対子どもといったように、年齢や時期、ねらいによって、あそびかたを決めましょう。また、子どもと一緒に鬼の決めかたや、人数を話し合うのもよいですね。

こんなあそびかたも…

- 低年齢の子どもの場合は、保育者がたくさんしっぽをつけて子どもが取りに行くというあそびかたもできます。
- しっぽを取られた子どもが鬼になって、鬼が増えていくルールなど、たくさんのアレンジができます。

困っている子どもには…

「取られたらどうしよう」との不安から、やりたくない子どもも出てくるかもしれません。無理強いせず楽しむ友達の様子を見ながら、本人のペースで参加できるようにしましょう。また、取られてもまた次頑張るぞと思えるように、制限時間を短くして、何度も行えるようにしましょう。

3 逃げる人はしっぽをつけます。ズボンにはさむ場合、上の服でしっぽが見えなくならないように注意しましょう。鬼はカラー帽子をかぶるなど、目印があると分かりやすいです。

スタートの合図で、鬼にしっぽを取られないよう逃げます。しっぽを取られたら陣地に戻ります。制限時間内にしっぽを全て取ったら鬼の勝ちです。 **4**

「健康な心と体を育てる」運動あそび20 **Chapter 2** 093

7 むすんでひらいて

| 想定年齢 | 2〜3歳ごろ | 実施人数 | 1人〜 | 所要時間 | 約10分 |

準備するものもなく、ちょっとした時間があればできる「むすんでひらいて」の歌あそび。手あそびから全身を使ってなど、幅広く、年齢や状況に応じていろいろな楽しみ方ができるあそびです。

準備するもの　**なし**

あそびかた

1
子どもと一緒に手をぐーぱーさせて、「手をむすんだりひらいたりして、いろんなところをタッチしよう!」など言葉を掛けながら、メロディーにのせて歌いあそびます。

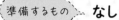

手あそびで楽しんだら、次は足でやってみましょう。座ったまま、足の指をぐーぱーしたり、足の裏を合わせて叩いたりすることで、足の刺激にもなります。上や横、おなかなど、いろいろな場所に足を向けるのも楽しいです。

「その手を上に〜」と歌った時に、頭の上に耳をつくるように手をのせると、ウサギに変身！ 横なら飛行機、前ならおすもうさんなど、いろいろなものに変身してみましょう。変身したままお散歩したり、ごっこあそびをしたりすることで、なりきってあそぶことも楽しめます。

簡単に見えるあそびですが、初めてあそぶ子どもの中には、分からない不安からやらない子どももいます。保育者があそんでいる姿を一通り見ることで、見通しがもて少しずつやろうとするでしょう。保育者は焦らずに、子どもが「やりたい！」と心が動く時が来るまで待ちましょう。

次は手と足で挑戦！ 「その手を上に〜足は横に〜」など、手と足をバラバラの方向へ向けるのもよいですね。手で体を支えられないポーズもあるので、ころんと転がるのも面白いです。けがをしないように注意しましょう。

全身を使って立ちながらあそびます。「むすんで」のポーズは小さくしゃがんでぐーをつくりましょう。一つ一つの動きを大きくすることで、全身運動になります。「手をうつ」の時は、ジャンプをするのもよいですね。

8 両足ジャンプ

| 想定年齢 | 2〜3歳ごろ | 実施人数 | 1人〜 | 所要時間 | 約10分 |

両足ジャンプは、足の動きだけでなく、体全体を縮めたり伸ばしたりして行う全身運動。あそびの中に取り入れてみましょう。自分の体を思い通りに動かすことができるようになると、活動の幅が広がり、自信もついていきます。

準備するもの 縄、跳び箱、マット、フラフープ、ビニールテープなど印をつけられるもの

あそびかた

ウサギやカエルなどになりきってジャンプをしましょう。「足をぐーにして跳んでみよう!」など足をそろえて跳ぶことを意識できるように、言葉を掛けてみましょう。小さくしゃがんで大きくジャンプをすると、柔軟性の獲得にもなります。

跳び箱の上から両足でジャンプをしましょう。着地点に、フラフープやビニールテープで印をつけると目標になります。印を遠くに設定する、跳び箱の高さを変化させることで意欲が高まります。マットを置き安全を確保することも大切です。

手拍子や音楽に合わせてジャンプをすることで、リズムを体でとってジャンプへの踏み込みがしやすくなります。また、繰り返し行うことで、体の動かし方が分かっていくので、焦らずに活動を継続しましょう。

運動機能は個人差が大きいので、無理をさせず、まずは一人一人ができることから楽しく行うことを心掛けましょう。保育者が手をつないでジャンプをすることで、床から両足が離れ着地するという経験ができ、体の動かし方が分かるようになります。

縄を左右に動かしヘビの動きに見立て、「ヘビさんを踏まないようにジャンプするよ!」など言葉を掛けましょう。縄の動かし方に大小の変化をつけたり、速さを変えたり、上下にしたりすることで、瞬発性や柔軟性の獲得につながります。

9 引っ越しあそび

「お引っ越し」という言葉を合図に、場所を移動していくゲームです。移動をする時に、跳ぶ、走る、静かに歩くなどのいろいろな動きをすることで、基本的な運動能力が発達していきます。

準備するもの ▶ **マット2枚以上**

あそびかた

マットを家や島などに見立てて、子どもたちと一緒に一つのマットの上に集まります。この時、子どもたちと保育者Aは、動物に変身してなりきりあそびを楽しみます。

寝ているオオカミさんを起こさないようにあっちのマットのお家に移動しましょう

距離をとって置いているマットの間に、保育者Bがオオカミやネコに変身して眠っています。子どもたちには、保育者Bを起こさないように、マットからマットへと移動することを説明します。

こんなあそびかたも…	困っている子どもには…

- マットの数を増やすなど、移動できる場所を増やしてあそぶこともできます。
- 屋外でも、地面に円を描いて行うことができます。より広い場所で行うことで、運動量も増えますね。

ルールのあるゲームは、分からないことが不安でやりたがらない子どももいます。保育者が何をするのか行動を先導して示し、手をつないだり抱っこをしたりして同じように動くことで、次にすべき行動が分かり安心して活動できるようになります。

3 保育者Aが「お引っ越し」の合図を出し、子どもたちと一緒にもう一方のマットへと移動します。ウサギになってジャンプしたり、忍者になって静かに歩いたり、いろいろな動きを取り入れてみましょう。

保育者Bは、子どもたちが移動している途中で起きてつかまえにいきます。マットの上に乗ったら鍵をかけるまねをして、マットは安全な場所と伝えておくことも、安心してゲームをする上で大切です。

10 けんぱーあそび

昔からあそばれている「けんぱーあそび」。あそぶ中で、体の筋力やバランスなどを調整する力がつきます。体を動かしてあそぶことが少なくなった現代の子どもたちだからこそ、保育の中で楽しく取り入れてみるのもよいのではないでしょうか。

準備するもの ▶ **地面に円を描く道具（木の枝、じょうろ、ビニールテープ　など）**

あそびかた

1 ウサギやカエルなど、跳び跳ねる生き物になりきって、まずはジャンプをすることを楽しみます。慣れてきたら、手拍子や声に合わせてリズムをとって跳びます。

2 「1本の足で立てるかな？」と声を掛けながら、片足立ちでバランスをとります。できなくて嫌になる子どももいるので、時間を短くするか、カウントを速くとって、「できた！」という気持ちを大きくしましょう。

「けんけんぱー」という三拍子のリズムに慣れてきたら、三三七拍子のリズムに挑戦してみましょう。一定のリズムで跳べるようになったら、「けん」「ぱー」をランダムに組み合わせて難易度を上げると、目的に合わせて体の動きを調整する力が身に付いていきます。

運動能力は個人差が大きいので、できなくて困っている子どもや、できないことへの不安からやりたがらない子どもには、無理をさせないことが大切です。その子どもの体の動かし方を注意して見ながら、体を動かすことを楽しめるようにしましょう。音楽を使うのも効果的です。

3 片足立ちを楽しんだら、手拍子や声に合わせて「けんけん」で進めていきます。「こんなことできるかな?」と声を掛けながら「けんけんぱー」の見本を見せ、リズムに合わせて跳びましょう。

けん・けん・ぱー!

けん!　ぱー!

リズムに合わせて跳ぶことに慣れてきたら、地面に円を描き、その中に足を入れて跳んでいきます。円の間隔や大きさは、子どもの体に合わせて調節します。　**4**

ひょうたん鬼

| 想定年齢 | 5歳（年中組）ごろ〜 | 実施人数 | 10人〜 | 所要時間 | 約15分 |

ひょうたんの線の中で逃げたり、その周りを追いかけたりするので、普通の鬼ごっこよりも子どもたちだけで進めやすいルールであるといえます。素早く逃げる敏捷性や、逃げ続ける持久力などを発揮します。

準備するもの **ライン引き**

あそびかた

1 ひょうたんのように中央がくぼんだ形の線を引きます。逃げたり、追いかけたりしやすい大きさで、くぼみの部分は、鬼が飛び越えられる大きさにします。

2 ジャンケンなどで鬼を決めます。鬼はひょうたんの外に出て、鬼以外の子はひょうたんの中に入ります。鬼は、中に入ることができません。中の子は、線から出てはいけません。

こんなあそびかたも…

鬼の人数を増やしたり、子ども同士で相談してひょうたんの形や大きさを変えたりして、逃げることや追いかけることが存分に楽しめる状況をつくってみましょう。

困っている子どもには…

すぐにタッチされて困っている様子があれば、ひょうたんの大きい部分でうまく逃げられるように援助したり、よける時の体の動かしかたを具体的に見せたりしてみましょう。

鬼は、ひょうたんの外側から、中にいる子を狙って追いかけたり、手を伸ばしたりします。
うまくタッチができたら、鬼を交代します。

12 | ころがしドッジボール

円の中で、転がってくるボールをよけるあそびです。子どもは、ボールの軌道を推測したり、よけるための身のこなしを意識したり、ボールと自分の位置関係を俯瞰的に捉えたりします。子どもの経験に合わせて、役割を決めましょう。

準備するもの ➊ドッジボール ➋ライン引き

あそびかた

初めのうちは、保育者が外野になります。2人の保育者がボールを交互に転がします。子どもがボールの動きを見てよけやすい速さで転がしましょう。しっかりよけられるように、当たっても外野に出ないルールにしたり、十分に動ける大きさの円にしたりしましょう。

あたっちゃった

子どもが、転がるボールをよけることに慣れてきたら、ボールに当たった子どもは外野に出るルールにしましょう。外野に出た子どもは、やぐらなどの高い位置から活動の様子が見えるようにしてもいいでしょう。

子どもたちが慣れてきたら、ボールを増やすと、前からも後ろからも一度にボールが転がってきて、さらに楽しめます。また、このあそびでの経験を基に、年長児になると、2面のコートで行うドッジボールを楽しめるようになります。

よけるのが苦手な子には、保育者が一緒に入って、よける時の具体的な体の動かしかたを見せたり、ボールを投げる人が大きく腕を振って、子どもがボールの転がってくる軌道を予測できるようにしたりしましょう。

3 さらに慣れると、外野に出た子どもも、保育者と一緒にボールを転がします。内野の子を当てることができたら、内野に入ることができます。時間を決めて、最後に内野に残っていた子どもの勝ちです。

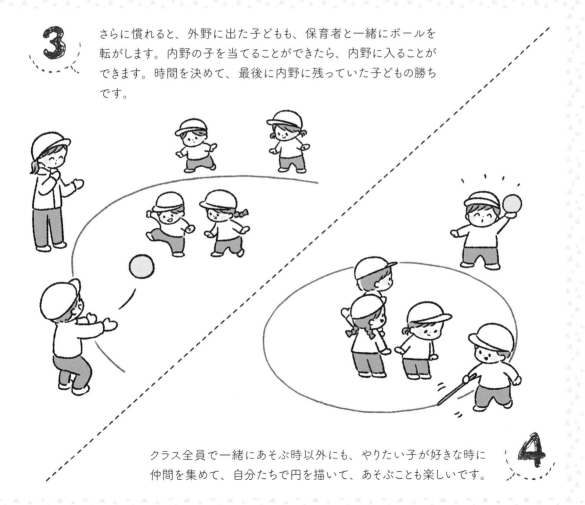

4 クラス全員で一緒にあそぶ時以外にも、やりたい子が好きな時に仲間を集めて、自分たちで円を描いて、あそぶことも楽しいです。

だるまさんがころんだ

| 想定年齢 | 5歳（年中組）ごろ〜 | 実施人数 | 10人〜 | 所要時間 | 約10分 |

保育者との掛け合いを楽しみながら、素早く移動したり、止まったりすることを楽しみます。ここでは、保育者が鬼になったパターンを紹介します。

準備するもの ▶ **目印になるもの（木や遊具など）**

あそびかた

保育者は、木などの目印のそばに立ちます。子どもは、離れた所に一列に並びます。保育者の「初めの第一歩」の掛け声で、子どもは一歩ジャンプして前に出ます。

はじめのだいいっぽ

保育者は木の方を向き、「だるまさんがころん……」と言います。その間に、子どもは保育者に近づいていきます。保育者は「……だ！」の声で子どもの方を向き、子どもは動きを止めます。これを何度か繰り返します。

言葉を変えて楽しむこともできます。「だるまさんが……」の部分を「ダンゴムシ」などに変えて、その生き物の動きをまねしながら進む。また、「おさるさんが……ウキッ！」と変えて、立ち止まる時におさるさんのポーズになる、など楽しみかたは様々です。

やったことのある子が多いあそびだと思います。左記のように、子どもの経験に合わせて、難易度を上げたり、保育者との掛け合いを存分に楽しめるように配慮しましょう。

3 保育者が子どもの方に振り向いた時に動いている子がいたら、保育者はその子の名前を呼びます。呼ばれた子は、鬼と手をつなぎます。

子どもが捕まらずに保育者にタッチをすると、子どもたち全員が最初の位置へ逃げます。保育者が「ストップ！」と言うと、子どもたちは止まります。保育者は、ちょうどよい歩数を決めて子どもに近づき、タッチができたら、保育者の勝ちです。

14 じゃんけん陣取り

| 想定年齢 | 5歳（年中組）ごろ〜 | 実施人数 | 10人〜 | 所要時間 | 約20分 |

2つのチームに分かれて対決をします。お互いのチームの状況を把握し、素早くスタートする瞬発力や、ジャンケンに勝つための運、チームの友達と力を合わせる協同性など、様々な要素が絡み合ったあそびです。

準備するもの　❶ライン引き　❷ケンステップや小さいフラフープ
　　　　　　　※無い場合は、ラインで〇を描いても構いません。

あそびかた

1　S字やU字に引いた線の両端にケンステップ（陣）を置きます。各チーム、ケンステップ（陣）に入った人を先頭にして一列に並びます。この時、線をS字やU字にすると、ゲームの状況がよく見えます。

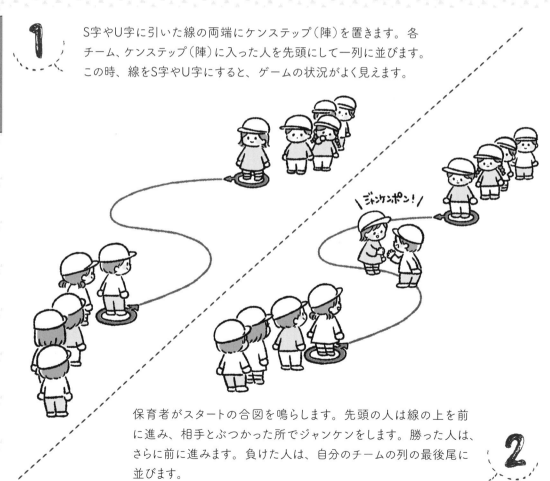

ジャンケンポン！

保育者がスタートの合図を鳴らします。先頭の人は線の上を前に進み、相手とぶつかった所でジャンケンをします。勝った人は、さらに前に進みます。負けた人は、自分のチームの列の最後尾に並びます。

2

線の引き方をS字やU字以外の形に引いて
みたり、遊具や木を囲むように引いたりする
のも面白いです。
溝やタイルの模様、地面の境目など、すでに
ある状況を線の代わりに使ってもあそべます。
この方法は、自分の園以外にも、遠足や園外
保育で出かけた場所でも有効です。

チームの先頭がジャンケンに勝つかどうかを
よく見て、負けると次の子が素早く出られる
ように援助しましょう。ケンステップを踏ま
れなければ、負けることはありません。仲間
同士で列を前に詰めることも、作戦の一つで
す。どのポイントで困っているかを見極め、
その子に応じた配慮をしましょう。

3 先頭の人が負けたチームは、次の人が前に進みます。相手とぶつかった所で、またジャンケンをします。これを、どちらかの先頭の人が、相手のケンステップ（陣）の中を踏むまで繰り返します。

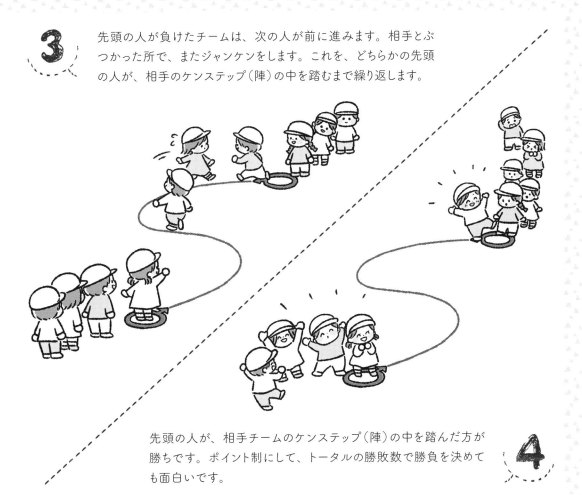

4 先頭の人が、相手チームのケンステップ（陣）の中を踏んだ方が勝ちです。ポイント制にして、トータルの勝敗数で勝負を決めても面白いです。

ねこかねずみか

| 想定年齢 | 5歳（年中組）ごろ〜 | 実施人数 | 20人〜 | 所要時間 | 約10分 |

リズムに合わせて口ずさみ、保育者との言葉あそびや掛け合いを楽しみながら、「ねこ」と「ねずみ」を聞き分けて素早く動くあそびです。聞き分けた後、追いかける動きや、逃げる動きを俊敏にやってみようとすることができます。

準備するもの ▶ **長いす**

あそびかた

1

ねこチームとねずみチームに分かれて並びます。その前に保育者が立ち、手拍子でリズムをとりながら「ねこかねずみかねずみかねこか 始めましょ。ねねね……」と口ずさみます。子どもも一緒にまねをします。

「ねねね……」の後「ねこ!」もしくは「ねずみ!」と言います。保育者が「ねこ!」と言った場合、ねこチームがねずみチームを追いかけます。ねずみチームは、椅子の方へ逃げます。

これは言葉あそびも含まれているので「ねねね……」の後の言葉を、「ねっこ」「ねぐせ」「ネクタイ」など、ほかの「ね」から始まる言葉にしてフェイントをかけても面白いです。「寝る」と言って寝たふりをするなど、掛け合いの面白さを存分に味わえるようにしましょう。

このあそびは、捕まったとしても相手チームに入るだけなので、引き続き同じようにあそぶことができます。初めのうちにやりかたが分かりにくい子や、動きに慣れない子がいる場合、励ましながら繰り返しやる中で、コツをつかむことができるでしょう。

 椅子に座る前に捕まったら、相手チームの仲間に変わります。
タッチされずに座れたら、そのままのチームです。

これを何度か繰り返します。
最後に、人数の多いチームが勝ちです。

16 | 新聞紙で野球ごっこ

| 想定年齢 | 5歳ごろ〜 | 実施人数 | 2人〜 | 所要時間 | 約30分 |

新聞紙とガムテープのみでできるあそびです。新聞紙でバットやグローブ、ボールを作る楽しさや、仲間とルールを決めて体を動かす楽しさを味わうことができます。

準備するもの ❶新聞紙　❷ガムテープ　❸ペットボトル（ボール台を作る場合）

あそびかた

新聞紙を縦長方向にして丸めて棒（バット）を作ります。また、新聞紙を折りたたんでグローブを作ります。くしゃくしゃにした新聞紙をガムテープでとめ、ボールも作ります。

ピッチャー（投げる人）やバッター（打つ人）を決め、新聞紙の棒やグローブ、ボールを使って、投げたり打ったりしてあそびます。難しい場合は、ペットボトルで作った台にボールを乗せて打つこともできます。

大きな円をかき、円の中に守る人が入ります。打つ人は円上で一か所場所を決めて、ペットボトルのボール台にボールを置き、タイミングを狙って打ちます。打ったら円上を走り、打った場所まで戻ってくると点が入り、守っている人にタッチされると交代になります。投げる、振る、走るなどの経験ができます。

新聞紙の折りかたが難しい子どもには、保育者が横で一緒に工程が分かるように丁寧に関わっていきましょう。実際にあそんでいる過程では、様々な意見を出し、やってみようとしていることを見守っていくことが重要です。

3 子どもたちと一緒にルールをつくりあそんでみましょう。例えば、ボールを打つことができたら、走れるようにコーンを目印に置いておくとよいでしょう。仲間が打てたら次のコーンまで走り、最後はホーム（打ったところ）に戻ってくると点が入るなどのやりかたがあります。

17 ドッジボール

［想定年齢］ 5歳ごろ〜　　［実施人数］ 学級全員　　［所要時間］ 約30分

投げる、よけるの動きがあるボールを使ったあそびです。チームに分かれ、逃げたりよけたり投げたりしながら、ボールに当たったら外野に出るルールです。

準備するもの　❶ボール　❷線を引くもの

あそびかた

2チームに分かれます。学級の人数で半分にしたり、じゃんけんで勝った人と負けた人チームなど、いろいろな分け方ができます。

中にいる子どもの人数をそろえます。また、外野は一人ずつ出すようにします。線から出ないように相手のチームを狙って、ボールを当てるようにします。

全員が当たったら終了ではなく、時間を決めてその中で競い合うことや、ボールを2個や3個に増やすと、何回もボールを取ることができるので、よける楽しさや投げる楽しさなどをより味わうことができるようになります。

投げたりよけたりする経験を沢山すればするほど、体をどのように動かせばいいのか感覚をつかみ、上手に体を動かすことができるようになります。コートを広めにすることで、逃げるスペースが多く確保でき、ボールをワンバウンドで取ることができるので挑戦しようとする気持ちがもてるはずです。

3　ボールが当たったら外野に出ます。最初にいた外野の子どもは中に入ることができます。また、外野から相手のチームの人を当てることができたら、中に戻ることができます。

4　中にいる人が全員当てられると、終了です。
時間を決めてあそぶこともできます。

18 靴とり鬼ごっこ

| 想定年齢 | 5歳ごろ〜 | 実施人数 | 5人〜 | 所要時間 | 約30分 |

靴とり鬼ごっこは、鬼から逃げるのではなく、鬼が見ていない隙に靴を取りにいくルールです。相手の動きをよんだり、体を動かしたりすることを楽しみながら仲間と協力してあそぶ鬼ごっこです。

準備するもの
線をかくためのビニールテープ（遊戯室の場合）
石灰などの線を引くもの（園庭の場合）

あそびかた

 逃げることができる四角の枠と靴を守る四角の線をかきます。
あそぶ人数によって枠の大きさを変えましょう。

 靴を守る子ども（鬼）と逃げる子どもを決めます。逃げる子どもの靴を一足借りて、真ん中に置いて始めます。

116

ルールが理解できると、相談してルールを自分たちで決めたり、自分の思いや考えを出したり、友達の思いを受け入れたりしていることを支えることが大切です。ルールを理解するまでは、先生対子どもであそぶと逃げかたや体の動かしかたを存分に試すことができるでしょう。

保育者も一緒に逃げたり、靴を取りにいったりすることでタイミングや体の動かしかたをまねしようとする様子がでてくるでしょう。また、靴が取れなくても、果敢に自分で鬼に近づこうとした気持ちや友達の靴を取りにいこうとした優しさを認めていくようにしましょう。

 鬼にタッチされないように、真ん中にある一足の靴を取り返しにいきます。もし鬼にタッチされたら、自分の靴をあげます。鬼に2回タッチされ、両足の靴がなくなったら動けなくなり、椅子に座って、靴を別の友達に取ってきてもらうようにお願いや応援をします。

鬼が守っている靴が全部なくなったら終了です。または、逃げている子どもの靴を鬼が全て取ることができたら終了となります。時間を決めてあそぶこともできます。

19 おはぎがおよめにあそび

| 想定年齢 | 5歳ごろ〜 | 実施人数 | 2人〜 | 所要時間 | 約10分 |

リズムに合わせて体を動かすあそびです。友達とタイミングを合わせたり、横や前後の飛ぶ動きを楽しむことができます。最後はじゃんけんをするので、どっちが勝つのか楽しめます。

準備するもの **四角の線を引くもの**

あそびかた

地面に四角が縦2列、横5列になるように線を引きます。2人が両端で線を踏まないように四角の中に足をおいて、対面で立ちます。

「おはぎがおよめにいくころは　あんこときなこでおけしょうして　まるいおぼんにのせられて　ついたところはおうせつま」の歌に合わせて体を動かします。拍子とリズムに合わせて「前・後・横横横」と線を踏まないよう、2人でジャンプ、ステップを繰り返します。

こんなあそびかたも…

遅く歌ったり、早く歌ったりしていろいろな速さで体を動かしてみるのも楽しいです。また、最後のじゃんけんを足じゃんけんにすることもできます。

困っている子どもには…

保育者が子どもと一緒にあそび、子どものリズムに保育者が合わせることで、子どものタイミングで体を動かすことができます。また、横に動く（サイドステップ）ことが難しい子どもには、広い場所で一緒に手をつなぎ回ってみると体の動かしかたを知ることができるでしょう。

最後はじゃんけんをします。勝ったらそのままで、負けたら次の人に交代します。周りの友達は一緒に歌ったりリズムをとったりしてあそびましょう。

20 | 流れるプール

| 想定年齢 | 5歳ごろ〜 | 実施人数 | 学級全員 | 所要時間 | 約10分 |

夏にする水あそびはとても気持ちよく、子どもが大好きなあそびの一つです。水に親しむ第一歩として、流れるプールあそびをしてみましょう。水の抵抗を感じ、体の使いかたを楽しんで考えることができます。

準備するもの **ビート板、浮く棒など**

あそびかた

全員でプールに入り、笛の合図に合わせて大きくプールの端を歩きます。あまり深くない場合は走るとより水が回り、早い流れをつくることができます。

流れができたら、ビート板や浮けるものを使って体を水の流れに合わせて浮かんでみます。何もせずに浮かんで流れていく楽しさを味わえます。浅い場合は手をつき、足を伸ばして（ワニのような体勢）歩いてみるのもいいでしょう。

流れるプールに軽いボールなどを浮かばせ、取りにいったり、誰がたくさんボールを集められるかなどの競争をしたりするのもよいでしょう。

水への恐怖心を抱いてしまわないように、保育者が一緒に手をつないで歩いたり、抱っこしたりしながら徐々に水に慣れるようにします。あまり水の抵抗を感じず、水が飛んでこないプールの端や浅い場所で、水鉄砲や貝殻拾いなどで存分にあそべるようにしましょう。

 流れる水の動きとは逆に体を動かしてみると、より抵抗を感じます。なかなか体が進まないことに気付き、どうやって体を動かせばいいのか考えようとするでしょう。

ポジティブルールで行こう！

　子どもたちのやる気を引き出すための私のモットーは「ポジティブルールで行こう！」です。私自身は、昭和のネガティブルールで育てられてきました。「〜してはいけません　ダメ！」「〜しないと、〜できませんよ」という感じです。私は「どうしたら、叱られないか？」と、今では妻の顔色を伺う人格を形成してしまいました。これを逆転させるのがポジティブルールです。「〜しましょう」「〜したら、〜できますよ」という言葉掛けで、「どうしたら、褒められるか」「よい評価を得られるか」という前向きでポジティブな雰囲気をつくっていきましょう。ピンチにもチャンスにも強い子どもが育つはずです。ちなみに私はチャンスに弱い4番バッターで、甲子園に行けずに幼稚園に来ました。

　ところで、運動をしていてうまくいかないと、カッとなったり、人に攻撃的になったりする子どもを見かけることがあります。「なぜ？」「何が原因なの？」と幼児理解を進めながら、その攻撃的な行動を修正していく必要がありますよね。ここで参考になるのが「分化強化の対処方法」です。問題行動と適切な行動を分けて考え、問題行動を消去し、適切な行動を強化します。だから、「分化強化」と呼ばれるわけです。基本的に、人はうまくいかないから怒ったり、攻撃的になるのですから、うまくいく経験を増やすようにすることが大切です。

　その一、他行動の分化強化。例えば、子どもが自分の思いを通そうと泣きわめいたり、妹をいじめたりしていました。これには、①泣きわめいていない時のことを褒める（ご飯を食べる、早く寝るなどこちらの指示に従えた時）②妹をいじめていない時のことを褒める（大人しくおもちゃで遊んでいる時など）。その二、代替行動の分化強化。例えば、子どもは自分のやりたい遊具が手に入らず、泣きわめいたり、人をたたいたりすることがあります。そういう時は、「かわって」とか「貸して」などのような要求言語を代替行動として示して、強化するとよいでしょう。

第**3**章

接続期で 「健康な心と体を育てる」

1　幼児教育と小学校教育の接続の必要性と基本的な考え方

1　幼児教育と小学校教育の接続（以下、幼小接続）の必要性

　人は生まれたときから発達や学びが始まり、生涯にわたって続きます。現行の幼稚園教育要領、保育所保育指針、幼保連携型認定こども園教育・保育要領と学習指導要領では、**0歳から18歳を見通して**、育成を目指す「資質・能力」（P.003参照）を育み続けていくことが示されています。心身の発達の段階に応じて、学校段階等により学ぶ内容や方法は変わりますが、**一人ひとりの発達や学びをつないでいく**ことが求められています。

　次に挙げるのは、4月初旬、ある小学校のスタートカリキュラムにおけるエピソードです。一人ひとりが安心感をもち、新しい人間関係を築いていくことをねらいとして、1年生全員が校庭で自由に遊ぶ時間です。先生が朝礼台のところで旗を持つと、教室に入る合図です。

> 　5人の児童が、校舎の裏側でダンゴムシ探しを始めました。初めて出会う友達もいる様子で、互いに自分の名前を言いながらダンゴムシを探しています。しばらく経つと1人の子が「そろそろ集まりかも。見てくる」と言って校庭に行き、「大変、もう旗が立ってる！」と走って帰ってきました。子どもたちは口々に「大変」「急ごう」「また明日やろうね」などと言いながら、朝礼台に走っていき、それぞれ自分のクラスの場所に並びました。

　みなさんはこの姿をどのように感じるでしょうか。環境を通して行う幼児教育の中で、主体となって園生活を過ごす5歳児の姿と重なります。それを小学校生活の始まりの時期に発揮できるように、スタートカリキュラムが工夫され実践されていることが分かります。幼小接続の推進により、**小学校1年生が「0からのスタート」ではなく、園生活で身に付けてきた力を発揮し、小学校の生活や学習に主体的に取り組んでいく**姿の一端を見ることができます。

2　幼小接続の基本的な考え方

　幼小接続は、幼児教育側が小学校教育を先取りして行うものではなく、小学校教育側が始まりの時期に遊ぶ時間をとればよいというものでもありません。**互いの教育を理解したうえで、それぞれの時期にふさわしい教育を充実**させ、幼児教育から小学校教育に移行する時期を一緒に考え、実践していくことが大切です。

1 「連携」を進め「接続」の実現を図る

　幼児教育と小学校教育の「**接続**」とは、**幼児教育と小学校教育の内容や方法、カリキュラム等の＜教育＞がつながる**ことを意味します。そのために重要なのが、幼児教育施設と小学校の「連携」です。「**連携**」とは保育や授業の相互参観、保育者と小学校教員（以下、先生）の合同の研修会、幼児と児童の交流活動を行うなど、**＜施設、組織、人など＞がつながる**ことを意味します。こうした「連携」を通して、先生方が互いの教育を知って理解を深め、**幼児期から児童期への長期的な視点**をもって子どもたちの育ちを捉え共有することが大切です。そのための１つのツールが「**幼児期の終わりまでに育ってほしい姿**」です。示されている10の項目を視点にしながら、各園の５歳児の姿や学び、幼児教育での環境の構成や保育者の援助等、また１年生の姿や指導を具体的に伝え合うなど、**一層の活用**が求められています。

2 幼保小の「架け橋期」

　令和４年３月に「幼児教育と小学校教育の架け橋特別委員会」（中央教育審議会初等中等教育分科会の下に設置）において審議経過報告が取りまとめられ、「**幼保小の架け橋プログラムの実施**」が示されました。このプログラムは、子どもに関わる大人が立場を越えて連携し、架け橋期にふさわしい主体的・対話的で深い学びの実現を図り、一人ひとりの多様性に配慮した上で全ての子どもに学びや生活の基盤を育むことを目指すものとされています。

　「**架け橋期**」については次のように述べられています。「義務教育開始前となる５歳児は、それまでの経験を生かしながら新たな課題を発見し、新しい方法を考えたり試したりして実現しようとしていく時期です。また、義務教育の初年度となる小学校１年生は、自分の好きなことや得意なことが分かってくる中で、それ以降の学びや生活へと発展していく力を身に付ける時期です。このように、義務教育開始前後の５歳児から小学校１年生の２年間は、生涯にわたる学びや生活の基盤をつくるために重要な時期であり、『架け橋期』と呼ぶことにしました。」

　０歳から18歳を見通した学びの連続性の中で「**架け橋期」を一体として捉え、幼小接続を一層推進していく**ことが子どもの教育・保育に携わる関係者に求められています。

文科省資料QRコードhttps://www.mext.go.jp/a_menu/shotou/youchien/1258019_00002.htm

※QRコードは株式会社デンソーウェーブの登録商標です

［引用・参考文献］
・文部科学省（2022）「幼保小の架け橋プログラムの実施に向けての手引き（初版）」
・文部科学省・国立教育政策研究所教育課程研究センター［編著］（2018）
　「発達や学びをつなぐスタートカリキュラム　スタートカリキュラム導入・実践の手引き」

2 「接続期」に育む健康な心と体

1 健康な心と体を育む視点から見る「接続期」

　これまで、幼児期の教育と小学校教育の円滑な接続を目的としたカリキュラム編成の工夫として、アプローチカリキュラムやスタートカリキュラムが示され、各幼児教育施設や小学校では創意工夫を生かしたカリキュラムが編成されてきました。幼小の接続の具体的な時期については、それぞれの実態に合わせて決められていますが、その多くが所・園の修了や小学校入学を幼児が具体的に意識し始める5歳児の1月ごろから始まり、小学校入学後、学校生活に慣れるまでの期間を「接続期」として定めています。このような「接続期」を健康な心と体を育む視点から見てみると、この時期ならではのカリキュラムの工夫や配慮が必要なことが分かります。

1 アプローチ期の工夫や配慮

　5歳児後半となる接続期（アプローチ期）には、自ら健康で安全な生活をつくり出す幼児の姿が見られるようになってきます。このような姿は、友達や保育者と信頼関係を築き、安心感をもって自ら環境と関わり、自分たちで生活をつくり出している実感を得る経験を積み重ねてきたことによります。このような健康な心と体の育ちを促し、小学校教育につなげていくためには、この時期に幼児が自分の成長を感じ、これまで経験したことや身に付けてきたことに自信をもつことができるようカリキュラムを編成することが大切です。

　また、この時期の幼児は、「早く小学生になりたいな」「早くお勉強がしたいな」と、小学校入学への期待が膨らむ一方、「新しい先生は優しいかな」「お勉強は難しいのかな」など、新たな環境に対する不安が芽生えることも忘れてはいけません。このような不安が大きくなると、生活において自信を得ることは難しくなってしまいます。そこで、この時期のカリキュラムに小学校との交流を位置付け、小学生や小学校の先生と関わりながら小学校の環境に触れることを通して、「小学校って楽しそうだな」という安心につなげていくことが求められます。

　このようにしてアプローチ期に得た自信や安心は、小学校生活への期待につながるとともに、小学校での学習や生活の中で、これまでに育まれてきた資質・能力を発揮するための支えとなります。

2 スタート期の工夫や配慮

　幼児期の教育で育まれた健康な心や体が小学校教育で十分に発揮されるためには、小学校入学当初の接続期（スタート期）において、アプローチ期で大切にされてきた幼児の安心や自信が接続されるようカリキュラムを編成することが必要です。そのために欠かせないのが、幼児期の発達や学びを理解することです。児童が幼児期にどのようにして健康な心と体を育んできたのかを知ることで初めて、それらを生かしたカリキュラムの編成が可能となるのです。

　スタート期のカリキュラムの編成では、まずは小学校入学により児童の心境がどのように変化していくのかを理解し、安心して学校生活を送れるようにすることが大切になります。新たな環境になるということは、様々な場面で知らない、分からない状況に置かれ、不安な状態が起こりやすくなるということです。そのような中で、主体的に自己を発揮しながら学びに向かうことは難しいものです。そこで、入学後の数週間は、児童が新たな人・もの・空間・時間に慣れることを支える視点からカリキュラムを編成し、児童が見通しと安心感をもって学校生活を送ることができるよう促しながら、生活の自立を図ることができるようにします。

　また、学習においては、「やったことがある！ できそう！」「面白そう！ やってみたい！」という児童の興味・関心を高めるとともに、「楽しかった」「またやりたいな」と次の学習意欲へつながる活動となるよう工夫し、児童が自信をもって主体的に学習に取り組むことができるように学習の自立も図っていきます。

　このようにスタートカリキュラムでは、アプローチカリキュラムで大切にされてきた安心や自信を引き継ぎ、児童が主体的に自己を発揮しながら学びに向かうことができるよう促し、小学校での生活や学習における自立を目指していきます。

2 アプローチ期における具体的な取り組み（「健康」の視点から）

　アプローチ期において健康な心と体を育み、小学校教育につなげていくためのポイントとなるのは、幼児に成長への実感をもたせ自信をつけることと、小学校生活への期待をもち安心して小学校進学を迎えられるようにすることです。これらの視点を踏まえて、アプローチカリキュラムの編成及び実施において大切となる工夫や配慮について、具体的な取り組みを紹介します。

ポイント①　自分の力でやり遂げていく喜びを味わうことができるようにする

○自分の課題をもち挑戦する活動を取り入れる

　この時期の幼児は、これまでに育まれた資質・能力を存分に発揮し、充実した生活を送るよ

うになります。遊びの中では、自分なりの課題をもって挑戦する中で、友達と教え合ったり励まし合ったりして、やり遂げようとする姿が多く見られるようになってきます。そのような中で、幼児が自分なりの課題に繰り返し取り組み、それを成し遂げた時の達成感や充実感を味わうことは、自分への自信を確かなものとする大切な経験となります。

そこで、幼児が自分なりの課題をもち、繰り返し取り組むことができるような遊びの環境を設定します。健康な心と体を育む遊びとしては、こままわしや縄跳び、マラソン、一輪車や竹馬など、体を十分に動かし、調整しながら取り組むことができる遊びがよいと思います。これらの遊びは、ルールや扱い方を変えることで様々な課題が生まれます。そのため、幼児の能力に合わせた課題が見つけやすく、また新たな課題が設定しやすいのです。保育者は、課題に取り組む幼児の姿を励まし、頑張った過程や変化の様子を一緒に確かめたり喜んだりしながら、幼児が課題を成し遂げ、達成感や充実感が味わえるように支えていきます。

○みんなで話し合う機会の設定

　この時期、幼児は遊びがより面白くなるように、友達同士で意見を出し合ったり、ルールや遊び方を相談したりしながら工夫するようになります。このように幼児が自分たちで考え、決定していく経験は、自分の存在を価値付け、自分たちの力で生活をつくり出しているという実感を生み出し、自信へとつながります。

　そこで、園生活における様々な遊びや仕事の中で共通の目標や目的をもち、各々の力を出し合い、話し合ったり役割を分担したりしながらやり遂げていく経験ができるよう環境を設定します。ミーティングなどの多くの友達が集まる機会をつくり、友達に自分の考えや体験を話したり友達の話を聞いたりし、自分たちで考え、決定していく場面を設けます。具体的には、遊びを共有している幼児たちで、より遊びが面白くなるための方法を話し合ったり、動植物の世話をしているグループで、世話の仕方を見直したり分担したりする機会をつくります。その際、話し合いの場を一人一人の幼児が積極的なものにしていけるよう、保育者は幼児の考えに共感したり意見を整理したりしながら、「それいい！ やってみよう！」という支持的な雰囲気の中で、自分や友達の得意なことやアイデアを互いに引き出せるようにします。

ポイント②　自分の成長に気付くことができるようにする

○成長の姿の共有

　幼児はこれまでに、生活や遊びを通して様々な資質・能力を身に付けながら成長してきました。しかし、幼児自身はそのことに無自覚なことが多いのです。幼児期に身に付けた資質・能力は児童期においても引き継がれ、発揮されていくとともに、学びの基盤となります。そのため、幼児自身が自分の成長を知り、それを発揮し生かしていこうとする意欲をもつことは、小学校教育において主体的に学びに向かう力につながるのです。

　そこで、これまでに経験してきたことや成長した様子を振り返ったり、互いに認め合ったりする機会を意図的につくり、生活の中での自分の役割やできるようになったことが増えたことに気付き、自分や友達の成長を感じることができるようにします。具体的には、帰りの集まりの時や、表現会や修了式へ向けた準備や活動の中で、幼児の成長の姿を友達や保育者と共有します。共有の方法としては、ドキュメンテーションが挙げられます。ドキュメンテーションとは、日々の記録や実践を写真や動画などに残し、子どもの姿を可視化する方法です。このドキュメンテーションを用いて、幼児の具体的な成長の姿を捉え、伝えていきます。

　ドキュメンテーションの作成に当たっては、「幼児期の終わりまでに育ってほしい姿」の10の項目を手掛かりにして幼児の姿を捉え、身に付いている資質・能力について簡単なコメントを

記すとよいでしょう。作成のポイントは、幼児にも理解しやすい形で表すことです。また、このようなドキュメンテーションを保護者と共有し、家庭で話題にしてもらうことも、幼児が成長を実感するためにはとても効果的です。

　幼児は、自分の成長の姿を友達や保育者、保護者と共有することにより、自分の成長に気付くとともに、成長の喜びを一層実感し、様々なことに主体的に取り組む意欲につなげていくのです。

ポイント③　小学校生活への期待をもつことができるようにする

○小学校との交流活動

　接続期には、修了に向かっての様々な活動や準備の中で、小学校生活への期待が表現されるようになってきます。それとともに、小学校生活へ向けて具体的な心配事が出てくるようにもなります。そこで、小学校との交流を通して、幼児が小学校への明るいイメージをもてるようにすることが大切です。

　交流の具体的な取り組みとして、小学校に実際に出向き、小学生と一緒に学校探検をしたり

給食体験をしたりするなどの小学校生活を体験することが挙げられますが、施設が離れていることや多様な進学先となることなど、実際の小学校訪問が難しい場合には、オンラインや手紙などでの交流を工夫することにより、十分な効果が期待できます。

○保護者との連携

　また、新しい生活習慣に馴染むことができるよう、保護者と連携していくことも大切です。登下校の方法や登校時刻、給食時間などを小学校に確認し、保護者に伝えます。そして、実際に通学路を通ったり、起床時刻や昼食時間を徐々に合わせていったりするなど、新たな生活習慣の確立へ向けた取り組みの協力をお願いします。

ポイント④　アプローチ期で育んだ安心と自信を小学校教育につなげる

○幼児に関する情報の引き継ぎ

　アプローチ期に、保育者が工夫や配慮を重ねて育んできた幼児の安心や自信ですが、それを引き継ぐ小学校の教職員がそのことを理解していなければ、小学校教育へと円滑につなげていくことはできません。そこで保育者は、幼児にどのように資質・能力が育まれてきたのかを可視化し、幼児に関する情報を小学校に引き継ぐことが求められます。それが、幼児指導要録の作成及び送付です。小学校では、各幼児教育施設から受け取った幼児指導要録の情報を基に、入学してくる一人一人の児童の実態をつかみ、指導に生かしていきます。そのため、幼児指導要録は、子どものよさや指導の過程について具体的に記すことが必要です。

　しかし、小学校の教職員にとって、文章記述のみで具体的な幼児の姿を想像したり指導の意図を理解したりすることはなかなか難しいものです。そこで、情報を引き継ぐ方法についても工夫が求められます。例えば、幼児指導要録に記述内容の様子を表す写真を載せ、視覚的な工夫を行うことで、より理解を促すことが可能となります。また、アプローチ期に作成したドキュ

メンテーションを幼児指導要録と一緒に送付することも効果的です。さらに、小学校の教職員を園に招いて幼児が生活する様子を実際に見てもらい、その後、幼児の具体的な姿を基に幼児に育まれている資質・能力や指導の意図について説明することも大変有効です。その際に、「幼児期の終わりまでに育ってほしい姿」を活用して幼児の姿を説明すると、小学校の教職員にとっては、その姿が小学校教育のどのような場面で見られるのかを想起しやすくなり、具体的な指導方法について考えることができるようになります。

3 スタート期における具体的な取り組み（「健康」の視点から）

　幼児期の教育において育まれてきた健康な心と体を、小学校での生活や学習の場面で発揮できるようにしていくためには、まずは幼児期にそれらがどのように育まれてきたのかを知ることが必要です。アプローチ期には幼児期に育まれた健康な心と体を小学校教育へと円滑につないでいくために、幼児に安心と自信をもたせるための工夫や配慮がされています。小学校ではこれらのことを踏まえて、スタート期における指導の内容や方法を工夫していくことが求められます。ここでは、スタートカリキュラムの編成及び実施において大切となる工夫や配慮をおさえながら、具体的な取り組みについて紹介します。

ポイント① 新しい人間関係を築くことができるようにする

　前述したとおり、5歳児後半ごろになると、自ら健康で安全な生活をつくり出す幼児の姿が見られるようになってきます。このような姿は、友達や保育者との信頼関係に支えられ、安心感をもって自ら環境と関わり、自分たちで生活をつくり出している実感を得る経験を積み重ねてきたからこそ見られる姿です。ここで確認しておきたいのは、幼児期の教育では、健康な心と体を育むために、保育者や友達との信頼関係を築くことが重視されているということです。幼児期の発達段階では、身近な人たちとの信頼関係が、幼児の自ら環境に働きかけ生活をつくり出す力を支えているのです。このことを踏まえ、人的な環境が大きく変わるスタート期においても、まずは新しい人間関係を築いていくための工夫や配慮が必要となります。

○先生との関係づくり

　入学直後の児童は、一年生になった喜びや不安を感じながら、学級担任や教室などの身近な人や環境に親しみをもって関わることを通して、少しずつ小学校での生活の仕方が分かり始めます。そこで入学当初は、先生との温かい関わりの中で、学校生活で利用する場所やものの使い方を知り、主体的に生活することができるようにしていきます。その際、先生の説明や指示

は短く丁寧にしたり、文字情報だけでなく絵や図などの情報を活用したりしながら、児童の理解を促していくことが大切となります。そうすることで、話をよく聞こうとしたり、知ったことを実践しようとしたりする意欲的な児童の姿が実現するとともに、その姿をしっかりと認めていくことで、児童との間に信頼関係が築かれていくのです。また、先生自身が児童と一緒に活動を楽しみ工夫する姿や、生活の中で進んで課題の解決を図ろうとする姿を見せることで、児童は先生に親しみをもち、自分の思いや考えを進んで伝え、やってみようとする意欲的な姿につながっていきます。

○新たな仲間づくり

多くの小学校では、同じ所・園から入学してくる児童もいれば、他の所・園から一人で入学してくる児童もいます。児童それぞれの状況によって不安の度合いは大きく異なるでしょう。そこで、これからともに過ごす友達と親しくなるための活動を行い、新しい友達関係を築けるように配慮します。その際に大切なのは、児童が安心して活動に取り組み、楽しさを感じながら友達との関わりを増やしていける活動とすることです。

そこで参考となるのが、幼児期に親しんできた手遊びや歌遊び、リズムに乗って体を動かす遊びです。これまでに親しんできた遊びは、児童にとって「知っている」という安心感と「楽しかった」という期待を生み出し、友達との関わりへの意欲を高めます。このような遊びの中で、学級のいろいろな友達と関わることができるようペアやグループで活動したり、相手を変えながら活動したりするなど発展的に活動を構成し、心と体をほぐしながら新たな仲間づくりができるようにします。また、活動の中に、各教科等の学習へとつながっていく要素を意図的に取り入れ、学習に対する目標を組み合わせながら合科的・関連的な指導を行うことにより、各教科等の力も身に付けていくことができるよう工夫することも考えられます。

ポイント② 主体的に学びに向かうことができるようにする

自ら健康で安全な生活をつくり出すためには、身近な人と信頼関係を築くとともに、「自ら環境と関わり、自分たちで生活をつくり出している実感を得る経験を積み重ねる」ことも重要となります。このような経験は、幼児に自信をつけ、健康な心と体の育ちを支えてきました。このことを踏まえると、小学校教育においても、生活や学習において児童が自ら主体的に活動できるよう促していくことが、健康な心と体をさらに育むために重要であることが分かります。ここで、改めて確認しておきたいのは、小学校教育では、「幼児期における遊びを通した総合的な学びから他教科等における学習に円滑に移行し、主体的に自己を発揮しながら、より自覚的

な学びに向かうことが可能となるようにすること（小学校学習指導要領第2章第5節　生活　平成29年告示）」が求められているということです。これらのことから、健康な心と体を育むためには、児童が主体的に自己を発揮し、自ら学びをつくり出していけるよう工夫や配慮を行うことが必要となります。

○生活や学習に対する期待を生かす

　入学してきた児童には、新しい文具や教科書を使うことや、運動場や遊具など学校の様々な施設を使用することに興味をもち、小学校の生活や学習に期待をもつ姿が見られます。このような児童の興味・関心を受け止め、活動を工夫することにより、主体的な学びへとつなげていくことが大切です。入学当初の児童は、「お勉強」や「学習」に対する憧れや「やってみたい」という意欲の高まりにより、文字や数字を書くことや音読したり数を唱えたりすることに喜んで取り組みます。

　しかし、これらの学習は、定着するまでに何度も繰り返し取り組むことが必要であることや作業進度に個人差が見られることから、児童の不安やつまずきにつながることがあります。このことから、児童が意欲をもって進んで取り組むことができるようにするためには、この時期の発達の特性を考慮し、取り組む時間を10分間から15分間程度の短い時間で構成したり、個々の作業進度に合わせられるよう課題の量を自分で選ぶことができるようにしたりします。そして、一人一人の児童が「できた」という充実感を味わえるように支えることで、各教科等につながる学習の基礎・基本を児童が主体的に身に付けられるようにしていきます。

　また、「健康」の視点からは、児童の運動場や遊具への興味・関心を生かし、戸外で体を十分に動かすことに進んで取り組むことができるようにすることが大変重要となります。入学後の児童を運動場や遊具で自由に遊ばせると、幼児期にできるようになったことを披露したり、それぞれの所・園のルールを使って遊ぼうとしたりする姿が見られます。これらの姿は、幼児期の教育で育まれてきた資質・能力を発揮して学びに向かっている姿だと言えます。そこで、これらの姿を生かしながら児童が主体的に活動に取り組めるようにします。

　例えば、様々な遊具を使って、どんなことができるかをそれぞれに考えて紹介し合ったり、実際にやってみたりします。また、安全で楽しく遊ぶためのルールをみんなで考えたり、小学校のきまりを確認したりします。その際には、所・園ではどんなルールだったかを想起させ、それらとの異同を基にして新たなルールを考えられるようにします。このように、一人一人の児童がこれまでの経験を生かしながらやってみたり、考えたり、新たなものをつくり出したりする経験ができるようにし、主体的に活動する中で、丈夫で健やかな心と体が育まれるように

していきます。

○児童の思いや願いを生かす学習活動の展開

　接続期にある小学校低学年は、身体面の成長だけでなく、情緒面や認知的側面においても発達の変容が大きい時期とされています。そこで、スタートカリキュラムの編成・実施に当たっては、生活科を中心とした合科的・関連的な指導や、弾力的な時間割の設定などの工夫を行うことが示されています。それは、生活科自体が、幼児期の教育と小学校教育の接続を意識し、低学年の児童の発達を踏まえ、児童の思いや願いを基に活動を展開していく教科だからです。この教科の特性を生かして学習活動を構成していくことで、健康な心と体を育むための主体的な学びが実現します。

　スタートカリキュラムにおいて、生活科を中心としてよく設定されているのが、「学校探検」を通した学習活動です。「学校探検」は、この時期の児童の小学校の環境に対する興味・関心に基づいて構成されています。学校を実際に探検する学習活動を通して、児童にはそこで見つけたり感じたり考えたりしたことから、「伝えたいな」「やってみたいな」という気持ちが生まれ、気付きを表現する活動や他教科等への学習活動の動機付けへとつながっていきます。そのため、ゆったりとした時間の中で進めていけるよう活動を２時間続きで設定するなどの弾力的な時間割編成を行います。また、活動の中で発せられる児童のつぶやきを受け止め、次の活動へとつなぎながら学びを展開していきます。

　このように、生活科では具体的な活動や体験を通して生まれた児童の思いや願いを大切にし、それらを実現することを通して学ぶことへの意欲を高め、その後の学習の基礎をつくっていきます。また、生活上必要な習慣や技能についても、児童の思いや願いを実現する過程において指導するよう配慮されており、児童が必然性をもって身に付けることができるようにし、主体的に生活や学習に取り組めるよう工夫されています。

ポイント③　幼児期に育んだ資質・能力が発揮できるようにする

「小学校においては、幼児期の終わりまでに育ってほしい姿を踏まえた指導を工夫することにより児童が主体的に自己を発揮しながら学びに向かい、幼児期の教育を通して育まれた資質・能力を更に伸ばしていくことができるようにすることが重要である(小学校学習指導要領解説総則編第３章第２節4(1) 平成29年告示)」と示されています。したがって、幼児期の教育で育まれた健康な心と体も、小学校教育の様々な場面で発揮され、さらに伸ばしていけるようにすることが求められます。

○所・園の保育者との連携

　「健康」に関する幼児期の終わりまでに育ってほしい具体的な姿は、「幼稚園生活の中で、充実感をもって自分のやりたいことに向かって心と体を十分に働かせ、見通しをもって行動し、自ら健康で安全な生活をつくり出すようになる（幼稚園教育要領解説　平成29年告示）」と記されています。しかし、小学校の教職員にとって、この記述だけでは具体的な幼児の姿を想像することはなかなか難しいものです。そこで大変重要となるのが、近隣の所・園の保育者との連携です。「幼児期の終わりまでに育ってほしい姿」を手掛かりにしながら、具体的な場面や活動内容について写真や動画で説明してもらったり、実際に幼児の様子を参観させてもらったりします。その際、所・園の保育者から得た情報を基に、スタート期において「健康」に関わる資質・能力が育まれている具体的な児童の姿について想定することも大切です。そうすることで、スタート期における様々な取り組みの中で、幼児期に育まれた資質・能力が発揮される具体的な場面を捉えることが可能になり、効果的な指導内容や方法が明確になるのです。

　このように、所・園の保育者との連携を通して、小学校の教職員が幼児期から児童期へと移行していく段階の発達や成長の特性を、幼児や児童の具体的な姿で理解していくことは、幼児期の教育で育まれた資質・能力を小学校教育へとつなげていくためには欠かせません。

○資質・能力を発揮する姿への価値付け

　幼児期の教育において育まれてきた「健康」に関する資質・能力は、小学校の生活や学習の様々な場面で発揮されます。スタート期において見られる具体的な児童の姿としては、十分に体を動かし進んで運動に取り組む姿、様々な活動に親しみ、楽しんで取り組む姿、食事を楽しむ姿、自分の持ち物や身の回りを整える姿、歯磨きやうがい、手洗いを進んで行う姿、生活に見通しをもち、次の活動の準備をする姿などが考えられるでしょう。

　ここで重要なのが、このような児童の姿に対する価値付けです。アプローチ期には、幼児は自分の成長を感じ、これまで経験したことや身に付けてきたことに自信をもつようになります。そして、その自信が自ら健康で安全な生活をつくり出す実践力につながっているのです。このような自信を小学校教育に引き継いでいくことで、小学校での学びを自らつくり出していこうとする意欲へとつながっていきます。

　そこで、小学校の生活や学習において幼児期の教育で育まれた資質・能力が発揮されている姿を捉え、その素晴らしさを児童本人に伝えていきます。そうすることで、児童はこれまでの自分の成長が小学校においても生かされていることを実感し、さらにそれを発揮し生かしてい

こうとする意欲をもつとともに、主体的に学びに向かう力になっていくのです。

　そのためには、まず、小学校の教職員が資質・能力を発揮している児童の具体的な姿を想定しておく必要があります。その上で、このような姿がどのような場面で見られるのかを明らかにし、児童の姿を捉えていきます。その際、前項で紹介したドキュメンテーションを活用すると児童に伝わりやすくなるでしょう。また、その姿が実現する活動を意図的に取り入れる工夫も大切です。したがって、どのような場面でどのような姿を捉え、どのように価値付けていくのかをスタートカリキュラムに計画的に位置付けておくことが求められます。

○保護者との連携

　幼児期の教育で育まれた資質・能力が小学校教育において発揮され、さらに伸びていくためには、保護者の協力も不可欠です。保護者にとっては、幼児期の学びが児童期の学びにつながっていることは捉えにくく、幼児期の教育で見られた子どもの姿と小学校教育で見られる子どもの姿がつながっていることを理解するのは難しいものです。そこで、具体的な児童の姿を通して、幼児期に育まれた資質・能力が発揮されている様子を保護者に伝えていくことで、児童が新たな環境の中で自己を発揮しながら主体的に学びに向かう姿を家庭でも支えてもらうようにします。特に「健康」の領域においては、生活習慣の確立や健康面や安全面への配慮が必要なことから、児童が主体的に取り組むことができるよう見守ったり手助けをしたりしながら、自ら進んで取り組めるよう支援してもらうことをお願いします。情報提供の方法としては、学級だよりや懇談会などで、ドキュメンテーションを利用した視覚的な情報とともに具体的なエピソードを交えながら語ると、より理解を促すことが可能となります。

編著者・執筆者／執筆箇所一覧

所属は令和5年2月現在

編著者 佐々木晃　鳴門教育大学大学院 幼児教育コース
　　　　はじめにp7-15／第2章p82-89／コラムp80、122

執筆者（五十音順）
　　　　居上真梨子　鳴門教育大学附属幼稚園
　　　　第2章p112-121

　　　　井上縁　学校法人嵯峨学園　御室幼稚園
　　　　第2章p90-101

　　　　勝浦千晶　鳴門教育大学附属幼稚園
　　　　第1章p66-79

　　　　河合優子　聖徳大学
　　　　まえがきp1／はじめにp2-6／第3章p124-125

　　　　杉山健人　鳴門教育大学附属幼稚園
　　　　第2章p102-111

　　　　鍋山由美　鳴門教育大学附属幼稚園
　　　　第1章p42-55

　　　　林菜奈美　学校法人嵯峨学園　嵯峨幼稚園
　　　　第1章p26-27、p32-41

　　　　藤川佳余子　鳴門教育大学附属幼稚園
　　　　第1章p56-65

　　　　松本崇史　社福法人任天会　おおとりの森こども園
　　　　第1章p20-25、p28-31

　　　　森友子　鳴門市堀江北小学校
　　　　第3章p126-137

0〜6歳児「健康な心と体を育てる」保育
よくあるギモン30＆運動あそび20

2023(令和5)年2月22日　初版第1刷発行

編 著 者：佐々木 晃
発 行 者：錦織圭之介
発 行 所：株式会社　東洋館出版社
　　　　　〒101-0054 東京都千代田区神田錦町2丁目9番1号コンフォール安田ビル2階
　　　　　代　表　電話 03-6778-4343　FAX 03-5281-8091
　　　　　営業部　電話 03-6778-7278　FAX 03-5281-8092
　　　　　振　替　00180-7-96823
　　　　　Ｕ Ｒ Ｌ　https://www.toyokan.co.jp
イラスト：のだかおり
デザイン：mika
組　　版：株式会社明昌堂
印刷・製本：株式会社シナノ

ISBN 978-4-491-05116-1
Printed in Japan

0〜6歳、心も体も大きく育つ、この時期だからこそ日々の保育を大切に

保育の基本がわかるシリーズ　全5巻　好評発売中！

子どもの健康な心と体の発達を支えるための
保育に必携の一冊

0〜6歳児
「健康な心と体を育てる」保育

佐々木 晃［編著］
本体 1,900 円（税込 2,090 円）

幼児が互いに関わりを深めるための
保育に必携の一冊

0〜6歳児
「豊かな人間関係をつくる」保育

河合優子［編著］
本体 1,900 円（税込 2,090 円）

子どもの発達を支えるための
環境づくりに必携の一冊

0〜6歳児
「豊かな環境をつくる」保育

大澤洋美［編著］
本体 1,900 円（税込 2,090 円）

子どもの言葉の発達を育むための
保育に必携の一冊

0〜6歳児
「言葉を育てる」保育

日本国語教育学会［監修］
福山 多江子・伊澤 永修・
大澤 洋美［編著］
本体 1,800 円（税込 1,980 円）

子どもの創造性を引き出すための
保育に必携の一冊

0〜6歳児
「創造性を豊かにする」保育

駒 久美子・島田由紀子［編著］
本体 1,900 円（税込 2,090 円）

保育内容の各領域 Q&A で基本から応用まで丸わかり！

保育現場でよくあるギモンと
子どもの心をくすぐる
アイデア・あそびが1冊に！

接続期における教育・保育の在り方も解説！